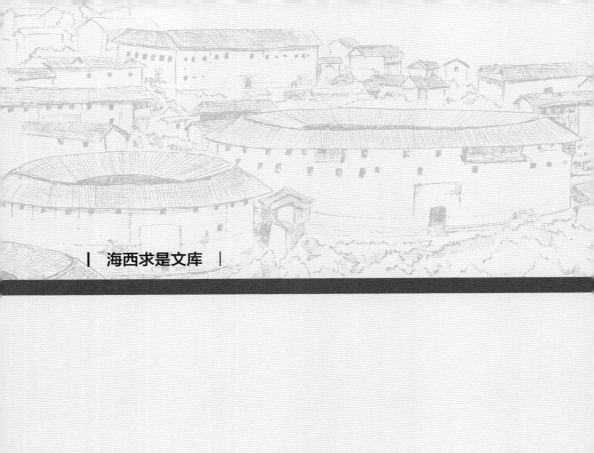

海西求是文库

| 海西求是文库 |

逆全球化的波及效应研究

基于垂直专业化分工视角

彭冬冬 /著

R ESEARCH ON THE SPILLOVER EFFECTS OF
ANTI-GLOBALIZATION:
A Vertical Specialization Perspective

社会科学文献出版社
SOCIAL SCIENCES ACADEMIC PRESS (CHINA)

国家社会科学基金青年项目
"垂直专业化分工视角下逆全球化的波及效应与应对策略研究"（项目批准号：2018CJY045）
研究成果

总　序

　　党校和行政学院是一个可以接地气、望星空的舞台。在这个舞台上的学人，坚守和弘扬理论联系实际的求是学风。他们既要敏锐地感知脚下这块土地发出的回响和社会跳动的脉搏，又要懂得用理论的望远镜高瞻远瞩、运筹帷幄。他们潜心钻研理论，但书斋里装的是丰富鲜活的社会现实；他们着眼于实际，但言说中彰显的是理论逻辑的魅力；他们既"力求让思想成为现实"，又"力求让现实趋向思想"。

　　求是，既是学风、文风，也包含着责任和使命。他们追求理论与现实的联系，不是用理论为现实作注，而是为了丰富观察现实的角度、加深理解现实的深度、提升把握现实的高度，最终让解释世界的理论转变为推动现实进步的物质力量，以理论的方式参与历史的创造。

　　中共福建省委党校、福建行政学院地处台湾海峡西岸。这里的学人的学术追求和理论探索除了延续着秉承多年的求是学风，还寄托着一份更深的海峡情怀。多年来，他们殚精竭虑所取得的学术业绩，既体现了马克思主义及其中国化成果实事求是、与时俱进的理论品格，又体现了海峡西岸这一地域特色和独特视角。为了鼓励中共福建省委党校、福建行政学院的广大学人继续传承和弘扬求是学风，扶持精品力作，经校院委研究，决定编辑出版《海西求是文库》，以泽被科研先进，沾溉学术翘楚。

　　秉持"求是"精神，本文库坚持以学术为衡准，以创新为灵魂，要求入选著作能够发现新问题、运用新方法、使用新资料、提出新观点、进行新描述、形成新对策、构建新理论，并体现党校、行政学院学人坚持和发展中国特色社会主义的学术使命。

　　中国特色社会主义既无现成的书本作指导，也无现成的模式可遵循。

思想与实际结合，实践与理论互动，是继续开创中国特色社会主义新局面的必然选择。党校和行政学院是实践经验与理论规律的交换站、转换器。希望本文库的设立，能展示出中共福建省委党校和福建行政学院广大学人弘扬求是精神所取得的理论创新成果、决策咨询成果、课堂教学成果，以期成为党委政府的智库，又成为学术文化的武库。

马克思说："理论在一个国家实现的程度，总是取决于理论满足这个国家的需要的程度。"中共福建省委党校和福建行政学院的广大学人应树立"为天地立心、为生民立命、为往圣继绝学、为万世开太平"的人生境界和崇高使命，以学术为志业，以创新为己任，直面当代中国社会发展进步中所遇到的前所未有的现实问题、理论难题，直面福建实现科学发展跨越发展的种种现实课题，让现实因理论的指引而变得更美丽，让理论因观照现实而变得更美好，让生命因学术的魅力而变得更精彩。

中共福建省委党校　福建行政学院

《海西求是文库》编委会

前　言

　　自 20 世纪 80 年代以来经济全球化迅速发展，其中垂直专业化分工是经济全球化的显著特征。垂直专业化分工使得各个国家（地区）可以根据自身比较优势从事某一特定环节的专业化生产，从而实现规模经济，促进了国际贸易与全球经济的迅猛增长。垂直专业化分工在提高全球资源配置效率的同时，也加剧了国际风险的传导。在垂直专业化分工体系下，各国（地区）经济深度合作、相互依存，形成了"一荣俱荣、一损俱损"的危机传染机制。然而经济全球化的发展并非一帆风顺，在 2008 年国际金融危机以后，以美国为首的西方国家掀起了一股逆全球化潮流。在垂直专业化分工的体系中，各国（地区）经济深度依赖，一国（地区）实施逆全球化措施必然会对他国（地区）经济产生较强的波及效应。由于中国经济已深度融入垂直专业化分工体系之中，中国是全球最为重要的制造平台，日益加剧的逆全球化浪潮将给中国乃至其他国家（地区）的经济发展带来猛烈的冲击。因此，在垂直专业化分工的背景下识别逆全球化波及效应的传导机理，评估逆全球化的波及效应对于防范化解逆全球化给中国乃至其他国家（地区）带来的负面影响具有重要的理论和现实意义。

　　本书以垂直专业化分工视角下的逆全球化的波及效应为主线，综合运用相关理论模型以及实证研究方法，从理论与实证两个方面研究垂直专业化分工视角下逆全球化产生波及效应的内在机制。本书的导论部分介绍了研究背景、研究意义、研究思路、研究内容、创新之处等内容，厘清了垂直专业化分工、逆全球化与逆全球化的波及效应等概念的含义。第一章是文献综述，全面梳理现有文献对于全球价值链分工和逆全球化的相关研究，并对现有研究存在的不足进行评述，本书以此作为切入点。第二章是全球价值链分工与逆全球化演变趋势的分析，一是根据全球价值链分工的测度指标，对不同年份不同国家（地区）、不同行业参与全球价值链分工的程度和模式进行研究分析；二是从总体和典型事实两个层面分析 2008 年国际金融危机以后逆全球化浪潮的发展趋势；三是通过严谨的实证分析检验了全球价值链分工对贸易保护的实际影响。第三章以中美贸易摩擦的产出影响效应为例研究中间品流动规模机制下逆全球化的波及效应，一是将国家（地区）-行业间的投入产出关联纳入传统的贸易模型，推导出逆全球化对产出的影响路径；二是以中美贸易摩擦为例进行参数校准，既分析了中美贸易摩擦对中美两国产出的影响，也探讨了中间品流动规模视角下中美贸易摩擦所产生的产出影响效应。第四章以上游行业贸易保护对本国（地区）产出的影响为例研究中间品购进成本机制下逆全球化的波及效应，一是通过构建上游行业贸易保护程度的测度公式刻画了全球上游行业贸易保护的特征事实；二是通过拓展 Melitz（2003）所开发的异质性企业贸易模型，从理论上阐述了上游行业贸易保护对本国（地区）产出的影响；三是基于全球贸易预警数据库（GTA）和世界投入产出数据库（WIOD）的合并数据实证检验了上游行业贸易保护对本国（地区）产出的实际影响、影响机制与差异化特征。第五章以逆全球化对本国（地区）企业投资的影响为例研究资本品与资本流动机制下逆全球化的波及效应，一是在全球垂直专业化分工的背景下分析了逆全球化冲击影响本国（地区）企业投资的内在机制，指出在全球垂直专业化分工体系下，本国（地区）发起的逆全球化冲击会抑制本国（地区）资本品的进口和减少本国（地区）的外资流入，从而抑制本国（地区）企业的投资；二是基于 2008～2017 年全球 82 个国家（地区）7810 家企业的数据实证检验了逆全球化对本国（地区）企业投资的实际影响、影响机制与差异化特征。第六章是垂直专业化分工背景下中国应对逆全球化的策略，一是对前文的研究结果进行概括和总结；二是基于前文的研究结论就中国如何应对逆全球化的影响提出相应的政策建议。

基于世界投入产出数据库（WIOD）、全球贸易预警数据库（GTA）、Compustat Global 数据库等宏观和微观数据库，运用投入产出分析、回归分析等多种实证研究方法，本书从多个角度识别逆全球化波及效应的传导机理，评估逆全球化的波及效应，主要得出以下结论。①高收入国家（地区）和中等收入国家（地区）更多是以出口中间品的方式参与国际分工，处于全球价值链的上游，而低收入国家（地区）位于全球价值链的下游。②国际金融危机以来，以贸易保护为重要表现形式的逆全球化风潮涌动，中等收入国家（地区）的逆全球化态势相对比较明显。③中美贸易摩擦通过抑制中间品流动规模产生了广泛的产出影响效应，证实了在垂直专业化分工背景下逆全球化可以通过降低中间品流动规模产生波及效应。一方面，中美贸易摩擦对中美两国的产出产生了相对较大的不利影响，其中，中国受到中美贸易摩擦的负面冲击更大。另一方面，中美贸易摩擦对位于中国（不含港澳台）和美国产业链上游的中国台湾、韩国、澳大利亚、日本、俄罗斯等国家（地区）的产出也产生了相对较大的不利影响。④上游行业贸易保护通过提高中间品购进成本显著地抑制了本国（地区）产出的增长，证实了在垂直专业化分工背景下逆全球化可以通过影响中间品购进成本产生波及效应。从差异化特征看，其一，行业的生产率越高，上游行业贸易保护对本国（地区）产出的抑制效应越明显；其二，在各类贸易保护措施中，上游行业关税措施对本国（地区）产出的抑制作用最明显；其三，相对于其他国家（地区），上游行业的贸易保护对中国的产出产生了更明显的抑制作用。⑤逆全球化冲击通过抑制资本品进口和资本流入来抑制本国（地区）的企业投资，证实了在垂直专业化分工背景下逆全球化可以通过影响资本品进口和资本流入产生波及效应。差异化分析发现，其一，相对于低收入国家（地区），中等和高收入国家（地区）发起的逆全球化冲击对本国（地区）企业投资的抑制作用更大；其二，相对于其他国家（地区），中国逆全球化程度的提高会对本国（地区）企业的投资产生更大的抑制作用；其三，企业经营绩效越差，本国（地区）逆全球化对其投资的抑制作用越大。

本书主要在以下几个方面对现有研究进行拓展。①考察了垂直专业化分工视角下逆全球化的波及效应及其内在机制。现有的研究大多局限于分析逆全球化的直接影响效应，鲜有文献考察在垂直专业化分工背景下逆全球化冲击沿着产业链产生的波及效应，更是少有文献去探讨逆全球化波及效应的传导机理。②通过理论与实证分析证实了在垂直专业化分工背景下以中美贸易摩擦为代表的逆全球化事件可以通过降低中间品流动规模产生波及效应。③通过理论与实证分析发现上游行业贸易保护可以通过提高中间品购进成本抑制本国（地区）产出，证实了在垂直专业化分工背景下以贸易保护主义为主要表现形式的逆全球化潮流可以通过影响中间品购进成本产生波及效应。④通过理论与实证分析发现逆全球化通过减少资本品进口和资本流入来抑制本国（地区）企业投资，证实了在垂直专业化分工背景下逆全球化可以通过影响资本品进口和资本流入产生波及效应。

目 录
Contents

导　论

本部分介绍了课题研究背景与研究意义，厘清了垂直专业化分工、逆全球化与逆全球化的波及效应等概念的含义，阐述了本书的基本研究内容、研究思路与研究方法，最后总结了本书可能的创新之处。

一　研究背景与研究意义

（一）研究背景

20 世纪 80 年代以来经济全球化迅速发展，其中垂直专业化分工是经济全球化的显著特征。在垂直专业化分工下，产品的生产工序被分割开来，一件产品的生产过程并不只在某一个国家（地区）完成，产品的生产过程变成区域性或者全球性的活动。垂直专业化分工使得各个国家（地区）可以根据自身比较优势从事某一特定环节的专业化生产，从而实现规模经济，促进了国际贸易与全球经济的迅猛增长。世界银行的数据显示，全球商品贸易规模由 1982 年的 1.84 万亿美元上升到 2023 年的 23.31 万亿美元，年均增速约为 6.39%；全球经济总量由 1982 年的 11.72 万亿美元上升到 2023 年的 106.17 万亿美元，年均增速约为 5.52%。垂直专业化分工在提高全球资源配置效率的同时，也加剧了国际风险的传导。在垂直专业化分工体系下，各国（地区）经济深度合作、相互依存，如果一国（地区）的生产出现问题，整个生产链条国家（地区）都会受到冲击。因此在垂直专业化分工体系下，各国（地区）之间形成了"一荣俱荣、一损俱损"的危机传染机制，外部冲击的影响被扩大和强化。比如，吕越等（2020）发现，金融危机的冲击使得处于价值链相对上游的企业面临更高的出口风险，说明垂直专业化分工使得危机的传导具有了"长鞭效应"。文武等（2021）发现，参与全球垂直专业化分工显著增强了中国与发达国家、欧盟国家等危机多发国经济紧缩的联动。

然而经济全球化的发展并非一帆风顺，在 2008 年国际金融危机以后，以美国为首的西方国家掀起了一股逆全球化潮流，并且部分发展中国家也出现了一些逆全球化迹象。在整体层面，苏黎世理工学院经济研究所发布的经济全球化指数显示，在 2000~2007 年经济全球化进展迅速，经济全球化指数由 2000 年的 53.16 上升至 2007 年的 57.60，7 年间经济全球化指数提高了 4.44；但是在 2008 年国际金融危机以后，经济全球化指数由 2007 年的 57.60 上升至 2021 年的 58.01，14 年间经济全球化指数仅仅提高了 0.41。在典型事实层面，第一，贸易保护主义盛行。全球贸易预警数据库（GTA）的数据显示，2009~2023 年全球平均每年新增贸易保护措施的数量约为 606 次，特别是新冠疫情发生之后，贸易保护愈演愈烈，相较于 2019 年，2020~2022 年全球新增贸易保护措施的数量急剧上升，其中在 2022 年全球新增贸易保护措施高达 747 次。第二，逆全球化的"黑天鹅"事件频发。主要包括：英国脱欧、中美贸易摩擦、意大利公投修宪失败、欧洲难民危机等。因此，当前逆全球化已经从思潮转向了实际性的政策实施层面，全球经济的发展面临着极大的不确定性。特别是在垂直专业化分工的体系中，各国（地区）经济相互联系、深度依赖，一国（地区）实施逆全球化措施必然会对他国（地区）经济产生较强的波及效应。

中国是经济全球化的主要参与者和受益者之一。自 1978 年改革开放以来，尤其是 2001 年加入世界贸易组织（WTO）后，中国严格遵循相关国际规则，全面参与国际垂直专业化分工，逐步发展成为全球供应链体系中的重要组成部分和"世界工厂"，经济发展成就举世瞩目。一方面，中国经济增长迅速，中国国家统计局的数据显示，中国的 GDP 从 1978 年的 3684.80 亿元到 2023 年的 129.43 万亿元，40 多年间中国经济总量实现了指数化增长；另一方面，中国的贸易规模、引资规模和对外投资规模成倍扩张，目前中国货物贸易总额稳居世界第一，中国引资规模与对外投资规模稳居全球前三位。由于中国经济已深度融入垂直专业化分工体系之中，中国是全球最为重要的制造平台，日益加剧的逆全球化浪潮将给中国乃至其他国家（地区）的经济发展带来猛烈的冲击。因此，在垂直专业化分工的背景下识别逆全球化波及效应的传导机理，评估逆全球化的波及效应对于防范化解逆全球化给中国乃至其他国家（地区）带来的负面影响具有重要的理论和现实意义。

（二）研究意义

1. 理论意义

第一，从中间品流动规模的视角考察中美贸易摩擦的产出影响效应。一些关于中美贸易摩擦影响效应的文献指出，中美贸易摩擦可能会对其他国家（地区）产出产生正向的影响（崔连标等，2018；郭晴、陈伟光，2019；孙乾坤等，2020）。这是因为中美贸易摩擦产生的贸易转移效应促进其他国家（地区）对中国或美国的出口，进而促进这些国家（地区）产出的增长。然而在全球垂直专业化分工的体系下，中间品跨境流动也意味着中美贸易摩擦产生的贸易破坏效应不利于其他国家（地区）产出的增加。比如，美国对中国的汽车行业加征关税，使得中国对美国的汽车出口下降，而中国对美国汽车出口的下降又使得中国汽车行业对韩国计算机行业的需求减少，进而造成韩国计算机行业产出的下降。遗憾的是，现有文献都忽视了从中间品流动规模的视角深入分析中美贸易摩擦等逆全球化事件的产出影响效应。为此，本书在将国家（地区）－行业间的投入产出关联纳入传统贸易模型的基础上，从中间品流动规模的视角考察中美贸易摩擦的产出影响效应，研究结论表明，在垂直专业化的分工体系下，其他国家（地区）难以在中美贸易摩擦中"独善其身"，逆全球化的负面影响被放大了。

第二，从上下游产业关联的视角考察贸易保护对产出的影响。现有文献在模拟两国（地区）间贸易摩擦的影响效应时发现，本国（地区）实施的贸易保护对本国（地区）产出的影响存在行业间溢出效应。比如，刘维林等（2020）通过建立一个跨国的投入产出模型计算中美贸易摩擦的就业效应发现，美国对中国加征关税会造成美国行政和辅助、运输和储存等服务业部门就业规模的缩小。为什么贸易保护对产出的影响存在行业间溢出效应，现有文献认为这可能与制造业产品和服务业产品的替代关系（Li and Whalley，2021）以及行业间的投入产出关联（齐鹰飞、LI，2019；刘维林等，2020）有关，但是这些文献并未对以上原因进行严格的识别，只是进行了简单说明。本书认为，跨国垂直供应链的生产模式是这一行业间溢出效应产生的原因之一。在全球垂直专业化分工体系下，各国（地区）的产业之间存在密切的上下游联动关系，上游行业的特征对下游行业的生产具有显著的影响。本国（地区）实施的贸易保护措施可能对本国（地区）下游行业的产出产生重要影响。为此，本书通过理论和实证分析检验上游行业贸易保护对本国（地区）产出的影响。

第三，研究逆全球化冲击对本国（地区）企业投资的影响。企业投资是连接微观企业行为和宏观经济运行的纽带，现有文献就对外经贸政策对企业投资的影响进行了一定的研究。比如，周先平等（2020）发现，外部逆全球化冲击显著降低了中国企业投资率。Pierce 和 Schott（2018）基于美国企业的数据发现，贸易自由化程度的提高通过引致竞争降低了企业的投资水平。尽管现有研究已经关注到对外经贸政策对企业投资影响，但从已有成果看，有一个方面的内容值得补充和深入研究，即逆全球化冲击对本国（地区）企业投资的影响。在全球垂直专业化分工的体系下，各国（地区）的投资活动需要大量使用境外的资本品或资金，因此各国（地区）发起的逆全球化冲击可以波及本国（地区）企业的投资。为此，本书通过理论分析和回归分析检验逆全球化对本国（地区）企业投资的影响。

2. 现实意义

第一，正确客观地评估逆全球化的波及效应，证实了逆全球化对全球经济发展的危害。当前逆全球化来势凶猛，那么逆全球化会对全球经济发展产生什么样的影响？以往的研究侧重于考察逆全球化的直接影响效应。本书则更进一步地考察在垂直专业化分工背景下逆全球化冲击沿着产业链所产生的波及效应，使得我们对逆全球化对全球经济发展的危害有了更加全面的认识。本书的研究发现，在垂直专业化的分工体系下，一方面，任何国家（地区）都难以在逆全球化的浪潮中"独善其身"；另一方面，本国（地区）发起的逆全球化冲击势必给本国（地区）经济的发展带来不利的影响。研究结论提示我们，必须高举全球化旗帜，持续推动贸易与投资便利化，这样全球经济才能持续健康稳定发展。

第二，为我国乃至其他国家（地区）如何更好地防范化解逆全球化风险提供有益的政策启示。本书的结论不仅表明高举全球化旗帜可以促进全球经济持续健康稳定发展，同时也为我国乃至其他国家（地区）更好地防范化解逆全球化风险提供有益的政策启示。其一，研究发现，全球化不仅使得全球产业链遭受着多重冲击，各国（地区）发起的逆全球化冲击均会沿着全球产业链产生广泛的波及效应，这要求我们有必要建设全国统一大市场，完善国内价值链，降低企业对国际经济环境的依赖度，保证国内经济稳步协调发展。其二，研究发现，对发达国家（地区）部分核心零部件的严重依赖使得发展中国家（地区）对外贸易政策的实施会产生不利于自身的影响，这提示我们必须推进科技创新，提高关键领域自主创新能力，勇于跨越跟踪式创新，重塑产业链、供应链竞争格局。其三，研究发现，中美贸易摩擦会对中美两国乃至其他国家（地区）的产出均产生不利影响，这提示我们中美关系仍是世界上最重要的双边关系之一，中美经贸关系对全球稳定至关重要，中美两国之间要共同加强经贸磋商。

二 概念界定

在研究垂直专业化分工视角下逆全球化的波及效应之前，我们对垂直专业化分工、逆全球化与逆全球化的波及效应的概念与内涵进行概括总结，这将有助于理解下文的理论与实证分析框架。

（一）垂直专业化分工

20世纪后半叶以来，全球范围内国际分工深化的一个显著特征是垂直专业化生产模式下的全球价值链分工开始成为国际分工体系中的主角。即以前集中于一个国家（地区）进行的生产活动被分解成若干个生产环节或生产阶段，不同的生产环节或生产阶段分布在不同的国家（地区）进行生产。

对垂直专业化的关注，最早始于20世纪60年代。Balassa（1967）首先使用垂直专业化（Vertical Specialization）这一名词，用来概括一种商品在多个工序阶段连续生产，并由两个或两个以上的国家（地区）在这一商品制造中提供价值增值这种现象。此后，学术界对垂直专业化的研究掀起了一波热潮。学者们用不同的术语来描述垂直专业化现象,例如产品内分工、零散化生产、生产的非地方化或非本土化、全球价值链分工等,其中,全球价值链分工是学者们表述垂直专业化现象时最常用的术语。因此,如不特别说明,在本书中全球价值链分工与垂直专业化分工具有相同意思。Hummels 等(2001)对垂直专业化分工的概念做了比较权威的界定,他们指出垂直专业化分工必须满足如下三个条件:一是产品的生产必须划分为多个生产环节;二是产品生产过程跨越边境,由多个国家(地区)参与产品生产的特定环节;三是在特定产品生产中使用了境外进口的中间品,生产出的最终产品至少有一部分出口到其他国家(地区)。

根据垂直专业化分工的定义可知,垂直专业化分工的发展必然导致中间品、资本品以及资本更加频繁的跨境流动。一方面,在垂直专业化分工下,各个生产环节布局于不同的国家(地区),因此垂直专业化分工的发展促使中间品更加频繁的跨境流动。另一方面,在不完全契约条件下,根据生产特征,一些企业选择纵向一体化的方式从境外进口中间品,因此垂直专业化分工的发展促使资本品和资本也更加频繁的跨境流动。UNCTAD(2013)发现,全球 60% 以上的国际贸易都集中于中间品和服务,跨国公司协调的全球价值链贸易占全球贸易的 80% 左右。

(二)逆全球化

逆全球化与全球化进程背道而驰,指重新赋权于国家(地区)的思潮(董琴,2018),特指在经济全球化进展到一定阶段后所出现的不同程度和不同形式的市场分割现象(佟家栋、刘程,2018)。具体表现为原先奉行自由贸易的国家(地区)退回到市场有条件开放甚至封闭的贸易保护主义倾向,对商品、资本、劳动力等要素的国际流动设置各种制度性障碍。

2008 年国际金融危机以后,一些发达国家(地区)开始更加倾向为世界经济贸易发展设立新形式的、存在利己色彩的关卡,贸易保护主义抬头;伴随着英国脱欧、中美贸易摩擦和民粹主义的出现,经济全球化的发展进程受到影响,逆全球化潮流涌动。逆全球化出现的原因概括起来主要有三大方面。第一,源于经济增长乏力的自我保护。金融危机之后世界经济复苏缓慢,许多国家(地区)失业率高居不下。因此,为了刺激经济回暖,提升国内产业竞争力和就业率,部分国家(地区)开始实施多样性的贸易和投资保护措施，造成全球化的倒退。第二，全球化利益分配不均，部分社会群体就业岗位和机会流失较多。在全球化的浪潮中，底层群众和弱势群体得到的利益较少，大企业、精英阶层得到的利益偏多。特别是在全球化的背景下，大量产业对外转移造成低技能工人等社会群体就业率和工资水平的下降，进而激发这些社会群体对全球化的反对。第三，反对国家（地区）主权的让渡。所谓全球化就是经济全球化带来的国家（地区）之间经济、政治、文化、法律等各个方面相互依赖、相互融合的过程，在一定程度上就是从经济角度去国家（地区）化，从而实现无边界和全球性。这势必会引起一部分的不满。在这些不满情绪的基础上就会衍生出一些基于文化保护和安全问题的民族保护主义或者民粹主义，进而阻碍全球化进程。

（三）逆全球化的波及效应

波及效应就是当国民经济某个产业部门发生变动时，对与之有关联的上下游产业部门造成影响。因此，我们将逆全球化的波及效应定义为当某个产业遭遇逆全球化冲击时，对其上下游产业部门产生的影响效应①。

本书要探究的主题是，垂直专业化分工视角下逆全球化的波及效应。那么，在垂直专业化分工的背景下，逆全球化波及效应的传导路径有哪些？在上文中我们已经指出，垂直专业化分工的发展必然导致中间品、资本品以及资本更加频繁地跨境流动。因此，本书认为，在垂直专业化分工的背景下，逆全球化通过影响中间品流动规模、中间品购进成本以及资本品和资本流动产生波及效应。第一，当某一个国家（地区）某个行业遭遇逆全球化时，该国家（地区）该行业的产出下降，进而导致该国家（地区）该行业对国外上游产业中间品的需求下降，使得国外上游产业产出下降。第二，当某一个国家（地区）对国外某个行业实施逆全球化措施时，该国家（地区）从国外该行业进口的成本提高，进而使得该国家（地区）下游行业的产出下降。第三，当某一个国家（地区）对国外实施逆全球化措施时，该国家（地区）从国外进口的资本品和吸引

① 这里的影响效应主要指的是对生产的影响，在本书中，主要用行业的产出和企业的投资水平刻画生产情况。一方面，产出的变动可以直接衡量生产状况；另一方面，不管是短期还是长期，投资水平的变动都是影响产出的重要因素。

的资金减少，进而使得该国家（地区）下游行业的投资下降。

举个例子，假设世界上有 3 个国家，分别是 a、b、c，每一个国家有两个行业，分别是 i 和 j。各个国家的产业之间存在密切的上下游关系，皆互为上下游行业。假设现在 a 国提高了来自 b 国 i 行业产品的进口关税。其一，a 国提高了来自 b 国 i 行业产品的进口关税会降低 b 国 i 行业对 a 国的出口。因为 a 国和 c 国的两个行业是 b 国 i 行业的上游行业，因此 b 国 i 行业对 a 国出口的下降使得 b 国 i 行业对 a 国和 c 国两个行业中间品需求的减少，进而造成 a 国和 c 国两个行业产出的下降，这就是中间品规模的传导路径。其二，因为 b 国 i 行业是 a 国两个行业的上游行业，所以 a 国提高了来自 b 国 i 行业产品的进口关税就会提高 a 国两个行业从 b 国 i 行业进口中间品的购进成本，进而影响了 a 国两个行业的生产，这就是中间品购进成本的传导路径。其三，当前企业选择纵向一体化的方式从境外进口中间品，在 a 国提高了来自 b 国 i 行业产品的进口关税后，由于中间品流动规模减小这一机制，b 国 i 行业对 a 国和 c 国两个行业中间品的需求减少，这会进一步使得 b 国 i 行业对 a 国两个行业资本品和资本的输出，进而影响了 a 国两个行业的投资，这就是资本品和资本的传导路径（见图 0-1）。

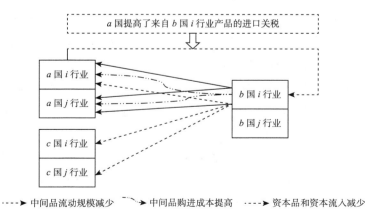

图 0-1　垂直专业化分工视角下逆全球化产生波及效应内在机制的举例
资料来源：笔者绘制而成。

三　研究内容、研究思路与研究方法

（一）研究内容

本书以垂直专业化分工视角下逆全球化的波及效应为主线，综合运用相关理论模型以及实证研究方法，从理论与实证两个方面研究垂直专业化分工视角下逆全球化产生波及效应的内在机制。本书的主要内容与结构安排如下。

导论。导论部分主要介绍了本书的研究背景、研究意义，厘清了垂直专业化分工、逆全球化与逆全球化的波及效应等概念的含义，阐述了本书的基本研究内容、研究思路与研究方法，最后总结了本书可能的创新之处。

第一章，文献综述。首先，本章从全球价值链分工的形成动因、测度指标、升级与重构影响因素以及经济效应四个方面梳理了关于全球价值链分工的相关研究；其次，本章从逆全球化的形成动因和影响效应两个方面梳理了关于逆全球化的相关研究；最后，本章基于现有研究的贡献与不足进行了文献述评。

第二章，全球价值链分工与逆全球化的演变趋势。首先，本章根据全球价值链分工的测度指标，对不同年份不同国家（地区）、不同行业参与全球价值链分工的程度和模式进行研究分析；其次，本章从总体和典型事实两个层面分析 2008 年国际金融危机以后逆全球化浪潮的发展趋势；最后，本章通过严谨的实证分析检验了全球价值链分工对贸易保护的实际影响、内在机制及其差异化特征。

第三章，中间品流动规模机制下逆全球化的波及效应——以中美贸易摩擦的产出影响效应为例。本章以中美贸易摩擦为例，通过理论和实证分析来研究在垂直专业化分工体系下，逆全球化通过作用于中间品流动规模所产生的产出影响效应。首先，本章将国家（地区）-行业间的投入产出关联纳入传统的贸易模型，推导出逆全球化对产出的影响路径；其次，本章以中美贸易摩擦为例进行参数校准，既分析了中美贸易摩擦对中美两国产出的影响，也探讨了中间品流动规模视角下中美贸易摩擦所产生的产出

影响效应。

第四章，中间品购进成本机制下逆全球化的波及效应——以上游行业贸易保护对本国（地区）产出的影响为例。首先，本章通过构建上游行业贸易保护程度的测度公式刻画了全球上游行业贸易保护的特征事实；其次，本章通过拓展 Melitz（2003）所开发的异质性企业贸易模型，从理论上阐述了上游行业贸易保护对本国（地区）产出的影响；最后，本章基于全球贸易预警数据库（GTA）和世界投入产出数据库（WIOD）的合并数据实证检验了上游行业贸易保护对本国（地区）产出的实际影响及其影响机制与差异化特征。

第五章，资本品与资本流动机制下逆全球化的波及效应——以逆全球化对本国（地区）企业投资的影响为例。首先，本章在全球垂直专业化分工的背景下分析了逆全球化冲击影响本国（地区）企业投资的内在机制，指出在全球垂直专业化分工体系下，本国（地区）发起的逆全球化冲击会抑制本国（地区）资本品的进口和减少本国（地区）的外资流入，从而抑制本国（地区）企业投资；其次，本章基于 2008～2017 年全球 82 个国家（地区）7810 家企业的数据实证检验了逆全球化对本国（地区）企业投资的实际影响、影响机制与差异化特征。

第六章，垂直专业化分工背景下中国应对逆全球化的策略。首先，本章对前文的研究结果进行概括和总结；其次，本章基于前文的研究结论就中国如何应对逆全球化的影响提出相应的政策建议。

（二）研究思路

本书以垂直专业化分工视角下逆全球化的波及效应为研究对象，通过全面把握全球价值链分工和逆全球化的特征事实，系统归纳垂直专业化分工视角下逆全球化波及效应产生的内在机制，实证检验逆全球化的波及效应及其作用路径，提出中国应对逆全球化冲击、构建全球发展共同体的对策建议。本书的研究思路如图 0-2 所示。

（三）研究方法

本书主要采用历史和比较研究相结合、建立理论模型进行定性研究以及运用计量经济学方法进行定量研究三种研究方法。

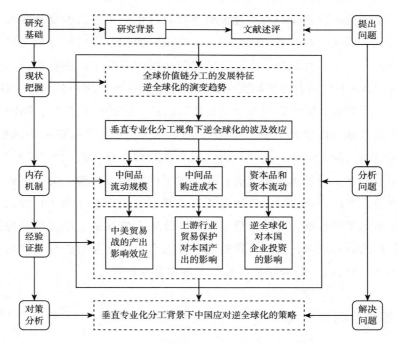

图 0-2　研究思路

资料来源：笔者绘制而成。

1. 历史研究和比较研究相结合的方法

本书采取历史研究和比较研究相结合的方法，探析 21 世纪以后全球价值链分工的发展特征，比较不同国家（地区）、不同行业参与全球价值链分工的程度和模式的差异；考察自 21 世纪以来逆全球化潮流的总体发展趋势，对比分析不同收入特征的国家（地区）在逆全球化趋势方面的差异；分析金融危机以后贸易保护主义的演变趋势，比较不同产品、不同国家（地区）、不同类型的贸易保护措施实施的差异。

2. 建立理论模型，进行定性研究

近年来，随着计量经济学的发展，各种各样的计量方法层出不穷，这可能使得经济学研究陷入追求复杂计量方法的困境中，造成对经济学思想的忽视。因此，在本书的第三章和第四章中，建立理论模型刻画垂直专业化分工视角下逆全球化通过影响中间品流动规模和中间品购进成本产生波及效应的机理，更加注重理论假说的经济学逻辑。

3. 运用回归分析和投入产出分析方法，进行定量研究

定量研究可以使我们利用过去的数据对理论分析进行验证，为理论命题提供现实依据。在本书的研究中，一方面，我们使用回归分析方法进行定量研究。其一，我们基于全球贸易预警数据库（GTA）和世界投入产出数据库（WIOD）的合并数据实证检验了上游行业贸易保护对本国（地区）产出的实际影响、影响机制与差异化特征；其二，我们基于全球 7810 家企业层面的数据实证检验了逆全球化对本国（地区）企业投资的实际影响、影响机制与差异化特征。此外，我们还从处理可能存在的内生性问题、重新测度被解释变量等多个角度进行实证模型的稳健性检验。另一方面，我们使用投入产出分析方法进行定量研究。其一，我们基于 WIOD 投入产出数据库中的相关数据，模拟分析了中间品流动规模视角下中美贸易摩擦所产生的产出影响效应；其二，我们基于投入产出中行业间的投入产出关系测度国家（地区）-行业层面上游行业的贸易保护程度。

四 可能的创新之处

本书通过理论分析与实证研究指出，在垂直专业化分工背景下逆全球化可以通过影响中间品流动规模、中间品购进成本以及资本品和资本流入三个渠道产生广泛的波及效应。首先，将国家（地区）-行业间的投入产出联系引入传统的贸易模型，指出贸易成本的变动通过影响中间品流动规模产生跨区域跨行业的产出影响效应，并以中美贸易摩擦为例对模型进行参数校正，探讨了中美贸易摩擦对各国（地区）各行业产出的影响，从而证明了逆全球化所导致的中间品流动规模的降低可以产生进一步的波及效应。其次，通过拓展一个异质性企业贸易模型，从理论上阐述了上游行业贸易保护对本国（地区）产出的影响，并且基于全球贸易预警数据库和世界投入产出数据库的合并数据实证检验了上游行业贸易保护对本国（地区）产出的影响，从而证明了逆全球化所导致的中间品购进成本的提高可以产生进一步的波及效应。最后，通过理论分析表明垂直专业化分工的背景下逆全球化冲击通过减少资本品进口和资本流入来抑制本国（地区）企业投资，并基于全球 7810 家企业层面的数据实证检验了逆全球化对本国（地区）企业投资的影响，进而证明了逆全球化通过影响资本品和资本流

入也能产生进一步的波及效应。具体而言，我们可能有以下几点创新。

第一，考察了垂直专业化分工视角下逆全球化的波及效应及其内在机制。现有的研究大都局限于分析逆全球化的直接影响效应，鲜有文献考察在垂直专业化分工背景下逆全球化冲击沿着产业链产生的波及效应，更是少有文献去探讨逆全球化波及效应的传导机理。

第二，通过理论与实证分析证实了在垂直专业化分工背景下以中美贸易摩擦为代表的逆全球化事件可以通过降低中间品流动规模产生波及效应。目前有文献注意到，中美贸易摩擦可能会对其他国家（地区）的产出产生正向的影响。这是因为中美贸易摩擦产生的贸易转移效应促进其他国家（地区）对中国或美国的出口，进而促进这些国家（地区）产出的增长。然而在全球垂直专业化分工的体系下，中间品跨境流动也意味着中美贸易摩擦产生的贸易破坏效应不利于其他国家（地区）产出的增加。比如，美国对中国的汽车行业加征关税，使得中国对美国汽车的出口下降，而中国对美国汽车出口的下降又使得中国汽车行业对韩国计算机行业需求的减少，进而造成韩国计算机行业的产出下降。遗憾的是，现有文献大都忽视了从中间品流动规模的视角深入分析中美贸易摩擦等逆全球化事件的产出影响效应。为此，本书将国家（地区）-行业间的投入产出联系引入传统的贸易模型，从理论上证明贸易成本的变动通过影响中间品流动规模产生跨区域跨行业的产出影响效应；然后基于中美贸易摩擦对模型进行参数校正，就中美贸易摩擦在国家（地区）或行业层面所产生的产出影响效应进行深入量化分析。

第三，通过理论与实证分析发现上游行业贸易保护可以通过提高中间品购进成本抑制本国（地区）产出，证实了在垂直专业化分工背景下以贸易保护主义为主要表现形式的逆全球化潮流可以通过影响中间品购进成本产生波及效应。现有文献已经发现各国（地区）实施的贸易保护对产出的影响存在行业间溢出，但是这些研究并未对该现象出现的原因进行严谨的识别，只是进行了简单说明。我们认为，跨国的垂直供应链的生产模式是这一行业间溢出效应产生的原因之一，在全球垂直专业化分工体系下，各国（地区）的产业之间存在密切的上下游联动关系，本国（地区）上游行业的特征对下游行业的生产具有显著的影响。为此，本书通过拓展一个异质性企业贸易模型，从理论上分析了上游行业贸易保护对本国（地区）就业的影响及其差异化特征；然后利用全球贸易预警数据库与世界投入产出数据库的合并数据测度了纳入各类贸易保护措施的上游行业贸易保护程度，在此基础上实证检验了上游行业各类贸易保护措施对产出的影响。

第四，通过理论与实证分析发现逆全球化通过减少资本品进口和资本流入来抑制本国（地区）企业投资，证实了在垂直专业化分工背景下逆全球化可以通过影响资本品进口和资本流入产生波及效应。企业投资是连接微观企业行为和宏观经济运行的纽带，现有文献就对外经贸政策对企业投资的影响进行了广泛的研究。尽管探究对外经贸政策如何影响企业投资的文献较多，但从已有成果看，有一个方面的内容值得补充和深入研究，即逆全球化冲击对本国（地区）企业投资的影响。在全球垂直专业化分工的体系下，各国（地区）的投资活动中需要大量使用境外的资本品或资金，因此各国（地区）发起的逆全球化冲击可以波及本国（地区）企业的投资。为此，本书在全球垂直专业化分工的背景下研究了逆全球化冲击对本国（地区）企业投资的影响。

第一章
文献综述

首先，本章从全球价值链分工的形成动因、测度指标、升级与重构影响因素以及经济效应四个方面梳理了关于全球价值链分工的相关研究①；其次，本章从逆全球化的形成动因和影响效应两个方面梳理了关于逆全球化的相关研究；最后，本章基于现有研究的贡献与不足进行了文献述评。

第一节　关于全球价值链分工的相关研究

自 20 世纪 80 年代以来，以产品内贸易为表现形式的全球价值链分工成为经济全球化和国际垂直专业化分工的主导模式（Antràs and Chor，2013；程大中等，2017）。全球价值链分工的演进对于推进世界经济的一体化进程发挥了至关重要的作用。目前学者就全球价值链分工的形成动因、测度指标、升级与重构影响因素以及经济效应等内容展开了深入的研究。

---

① 由于全球价值链分工是垂直专业化分工的核心表现形式，当前对于垂直专业化分工的研究主要集中在全球价值链分工方面。因此，本书着重梳理关于全球价值链分工的相关研究。

一 关于全球价值链分工形成动因的相关研究

（一）全球价值链分工形成的基础因素

目前学术界普遍认为，全球价值链分工能够形成的基础因素有两个，分别是比较优势和规模经济（Ishii and Yi，1997；卢锋，2004）。学者们最初从古典贸易理论出发，指出比较优势是全球价值链分工的重要基础。比如，Sanyal 和 Jones（1982）、Dixit 和 Grossman（1982）均通过对古典贸易模型的拓展构建了一个中间品贸易模型，发现商品跨区域的分工是一个经济内生变量，比较优势决定了各国（地区）参与商品跨区域分工的阶段模式。除了比较优势外，规模经济也被学者认为是全球价值链分工产生的重要基础。这是因为，如果产品不同生产阶段的有效规模是不同的，通过产品内分工，将有效规模不同的生产阶段加以分离，并安排到不同的空间场合进行生产，可以节约成本、提高资源配置效率（胡昭玲，2006）。总而言之，在产品生产环节可分的条件下，就是由于比较优势和规模经济的存在，跨国公司将不同的生产环节布局于不同的国家（地区）时能够获得更高的利润。

（二）全球价值链分工形成的推动因素

尽管全球价值链分工能够形成的基础是比较优势和规模经济，但是大规模的价值链贸易却是在 20 世纪 80 年代以后才出现的，那么是什么因素推动了全球价值链的快速发展，综合现有文献的观点大致可以分为以下两大因素。

1. 通信与运输技术的进步

通信技术的进步可以推动全球价值链分工，是因为通信技术的进步不仅有利于降低不同国家（地区）企业间贸易合作交流的成本，也有利于企业对不同地区的生产活动进行监督（Feenstra，1998）。由于全球价值链分工体系下，中间品需要频繁的跨境流动，因此运输成本就成为影响全球价值链分工的重要因素。而运输技术的进步可以显著地降低产品的运输成本进而促进全球价值链分工快速发展（Hummels 等，1998，2001）。

2. 贸易与投资壁垒的下降

在全球价值链分工体系下，一方面，不同生产环节的中间品需要多次跨境流动，因此贸易壁垒的下降成为促进各国（地区）参与全球价值链分工的重要因素；另一方面，企业在将产品的部分生产环节布局在他国（地区）时，不仅是通过非股权的模式，还会通过 FDI 的方式，跨国资本的流动在全球价值链分工中日趋重要（程大中等，2017），因此投资壁垒的下降成为推动全球价值链分工向纵深发展的重要因素。已有研究的观点大致可以概括为以下四个方面。第一，关税的下降可以显著提升全球价值链参与度。比如，刘斌等（2015b）发现，中间品关税的降低显著地提升了中国企业的全球价值链参与度。黄新飞等（2022）同样也发现，关税水平的下降可以提高中国各行业的全球价值链参与程度。第二，非关税壁垒会制约全球价值链分工的发展。比如，Hufbauer 等（2013）细致地分析了进口国（地区）的"本地含量要求"对出口国（地区）全球价值链参与的影响，发现进口国（地区）的"本地含量要求"显著降低了出口国（地区）的全球价值链参与度。王孝松等（2017）以中国遭遇反倾销为例，检验了贸易保护壁垒对中国参与全球价值链分工的影响，发现反倾销显著降低了相关行业的全球价值链参与度。第三，以服务业开放、投资协定签订等为代表的投资自由化政策可以显著提升全球价值链参与度。比如，戴翔（2020）的研究指出，扩大服务业开放有助于提升制造业全球价值链参与度。刘斌等（2021）基于研究中外双边投资协定对价值链关联的影响发现，中外投资协定显著促进了双边价值链关联，投资协定的深度越深，对双边价值链关联的促进效应越明显，并且协定代际变迁提升了上述正向效应。第四，近些年，区域贸易协定（RTAs）的蓬勃发展成为经济全球化的显著特征之一，各个 RTAs 的签订推动了国家（地区）间贸易投资的自由化，因此有学者研究了 RTAs 对全球价值链分工的影响。比如，韩剑和王灿（2019）发现，RTAs 深度能够有效促进一国（地区）对全球价值链的参与，并且此效应对发展中国家（地区）更为显著。彭冬冬和林珏（2021）发现，"一带一路"沿线自由贸易协定深度的提升显著地促进了各国（地区）在区域内的价值链合作，其中自由贸易协定深度的提升可以通过降低贸易成本和促进直接投资推动区域价值链合作。Cheng 等（2022）发现，FTAs 的签订加强了中国与其他国家（地区）特别是中高收入国家

（地区）的价值链前后向关联。

二 关于全球价值链分工测度指标的相关研究

（一）宏观层面

在全球价值链分工体系下，中间品因为多次跨境所以会被重复计算，因此传统的贸易统计在刻画贸易格局和利益分配方面有一定局限性，研究全球价值链分工需要更加合理的方法。Hummels 等（2001）将垂直专业化分工程度定义为出口产品中包含的进口品，并基于境内投入产出表测算了各国（地区）的垂直专业化程度，这为后面的研究测算全球价值链相关的指标提供了很好的借鉴。但是 Hummels 等（2001）在计算垂直专业化分工程度时假设进口产品与本国（地区）产品具有相同的投入结构，并且进口产品的价值完全来自境外。然而这些假设在全球价值链体系中是很难成立的。为解决垂直专业化分工的缺陷，一些学者逐步放宽了假设，定义了新指标来衡量全球价值链分工的情况。比如，Daudin 等（2011）、Johnson 和 Noguera（2012）先后更加合理地定义了垂直专业化分工指数和增加值出口规模。其中，受认可程度最高的研究为 Koopman 等（2014）提出的增加值贸易核算框架（KWW 框架），该框架将一国（地区）的总出口分解为最终被国外吸收的国（地区）内增加值出口、最终返回本国（地区）的国内增加值出口、该国（地区）出口中的外国（地区）增加值以及因中间品多次跨越国（地区）界而重复计算的增加值等四大部分。Wang 等（2014）进一步在 KWW 框架的基础上进行了双边、部门以及双边部门层面的分解。Koopman 等（2010）在 KWW 框架的基础上提出了全球价值链分工地位指数，用以表征一国（地区）在全球价值链中的地位，其构建思路为，如果一个国家（地区）处于全球价值链的上游，那么其间接增加值出口占总出口的比重较高，而最终产品出口中包含的国（地区）外增加值占总出口的比重较低。Wang 等（2017）将一国（地区）的生产活动区分为国（地区）内贸易、传统国际贸易、简单全球价值链分工活动与复杂全球价值链分工活动等四个类型，提出了简单全球价值链分工前后向参与度与复杂全球价值链分工前后向参与度，并且用前向全球价值链分工参与度与后向全球价值链分工参与度的比值表示一国（地区）在全球价值链网络中的位置，该比值高表明该国（地区）处于全球价值链分工的上游。

全球价值链分工测算方法的逐渐完善使得众多学者从不同角度探讨中国参与全球价值链分工的情况。比如，王直等（2015）基于 KWW 框架发现，中日电气和光学设备出口中，中国单位出口的增加值率远低于日本，这证明了在电气和光学设备行业中国主要从事最终品组装的下游环节，而日本则专注于中间品生产的上游环节。魏浩和王聪（2015）的研究表明，中国出口贸易中的 1/4 是进口商品，中国出口的国内附加值率小于美国、日本、俄罗斯、巴西等国，纺织及服装、毛皮制品及鞋类仍然是我国出口比较优势最大的两类商品，机械制品、电气电子器材、交通运输设备等 3 种商品比较优势的上升幅度明显。杜运苏和蒋祖龙（2019）通过从前向和后向两个角度测算中国融入全球价值链深度及分析其演变趋势发现，中国融入全球价值链深度呈先上升后下降的态势，中国融入全球价值链深度在全世界处于中等水平，后向融入深度相对较深，而前向融入深度略低于世界水平。

（二）微观层面

基于跨区域的投入产出表从宏观层面测度全球价值链分工程度时，难以对全球价值链分工内在驱动因素进行深入分析。因此，有学者开始研究如何从企业层面测度全球价值链分工参与度，现有研究一般使用企业出口的国（地区）外增加值率表征企业参与全球价值链分工的程度（吕越等，2015，2017）。比如，Upward 等（2013）考虑到加工贸易的普遍性，对 Hummels 等（2001）提出的垂直专业化分工程度的测度公式进行修改，然后基于中国工业企业数据库与海关贸易数据库的合并数据，测算了中国企业参与全球价值链分工的程度发现，2003～2006 年中国企业出口的国外增加值率较高，在 40% 以上，并且加工贸易型企业出口的国外增加值率比非加工贸易型企业高 50%。Kee 和 Tang（2016）则进一步在考虑到企业之间存在的间接贸易问题和进口中间品的识别问题后，同样基于中国工业企业数据库与海关贸易数据库的合并数据测算了中国加工贸易型企业的出口国外增加值率发现，中国加工贸易型企业出口的国外增加值率由 2000 年的 48% 逐步下降为 40%。张杰等（2013）在综合考虑了不同进口贸易方式特征、间接进口与资本品进口问题之后，测算了 2000～2006 年中国企业出口的国外增加值率发现，中国出口的国外增加值率从 2000 年的 0.51 下降到 2006 年的 0.43，加工贸易型企业出口的国外增加值率显著高于一般贸易企业，外资企业出口的国外增加值率明显高于本土企业。

除了测度企业的全球价值链参与度外，学者还对企业的全球价值链分工地位进行了多维度的刻画。第一，有文献用出口的国（地区）内附加值率衡量企业的全球价值链分工地位，这是因为在全球价值链分工背景下，出口的国（地区）内增加值已成为判别企业能否获取国际贸易真实利得的重要标准（许和连等，2017）。比如，邱斌和陆清华（2020）用出口增加值率衡量中国企业全球价值链的分工地位发现，尽管中国深入参与全球价值链，但是中国企业却没有出现大多数国家（地区）企业出口产品中国内增加值率下降的趋势，中国企业全球价值链的分工地位上升，表明中国比较优势较强的行业发展较好。第二，一些文献使用进出口上游度指数刻画企业的全球价值链分工地位。Antràs 等（2012）构建了度量中间品所在行业与最终产品之间距离的上游度指数，以此衡量国家（地区）-行业层面的全球价值链分工位置。唐宜红和张鹏杨（2018）基于企业-产品层面的进出口数据测算了中国进出口企业的上游度指数发现，2000~2008 年中国企业出口生产链位置实现了小幅提高，而进口生产链位置取得了大幅提升，其中加工贸易企业、国有企业和东部地区企业是推动全球生产链位置提升的主要动力。Chor 等（2021）用进出口上游度之差，反映企业在国内从事的生产环节的多少，以此刻画企业在全球价值链中的嵌入位置。

三 关于全球价值链升级与重构影响因素的相关研究

（一）全球价值链升级的影响因素

在全球价值链的分工体系中，由于跨国（地区）公司牢牢掌握价值链的核心环节，发展中国家（地区）面临低端锁定困境。因此学术界就如何提高发展中国家（地区）的分工地位进行了丰富的研究，并且多数文献聚焦于中国及其制造业，这些文献按照研究视角可以分为四类。① "引进来" 与 "走出去"。有关引进 FDI 是否可以提高我国制造业分工地位的研究文献最多，但他们得出的结论并不一致（赖明勇等，2005；刘景卿等，

2019；陈艺毛和李春艳，2019）。同时，刘斌等（2015a）研究发现，OFDI有利于促进我国迈向 GVC 中高端。②加快要素禀赋结构升级。这方面研究主要关注技术创新和人力资本，前者包括杨高举和黄先海（2013）、张杰和郑文平（2017）等，后者包括姚瑶和赵英军（2015）、耿晔强和白力芳（2019）、毛其淋（2019）等。③增强制造业与服务业互动融合。刘斌等（2016）、刘奕等（2017）、张丽等（2021）等分别考察了制造业服务化、生产性服务业集聚、服务业开放等对我国制造业 GVC 分工地位提高的影响。④推进数字化转型。随着数字经济的发展，数字经济对 GVC 分工地位的影响引起学者的关注。研究发现，数字经济渗透（齐俊妍、任奕达，2021）、数字技术应用（王彬等，2021）以及数字限制下降（鲁慧鑫、冯宗宪，2024）均可以显著地提高 GVC 分工地位。

（二）全球价值链重构的影响因素

受新一轮信息技术革命、中美贸易摩擦、新冠疫情等因素的影响，当前的全球价值链分工面临重构，中国需要积极应对。其一，以互联网、大数据等的广泛应用为表现形式的新一代的信息技术革命促使生产的组织模式、技术创新模式、要素构成等方面发生重大变革，促使全球价值链分工再分解、再布局（杜传忠、杜新建，2017；戴翔等，2022）。其二，在贸易摩擦和新冠疫情冲击下，企业对于供应链的安全意识大大增强，导致成本和经济收益不再是跨国（地区）公司决定价值链分工与协作的唯一考虑，进而影响到跨国（地区）公司在全球的生产布局，价值链分工将趋于简单化和国（地区）内化（东艳、马盈盈，2020；袁振邦、张群群，2021）。其三，面对波诡云谲的国际形势，中国提出并积极推进的"一带一路"倡议可以通过禀赋变动、技术变革和制度重构三种力量使得中国在全球价值链重构中占据有利地位（李芳芳等，2019；卢潇潇、梁颖，2020；屠新泉，2022）。

四　关于全球价值链分工经济效应的相关研究

（一）直接经济效应

1. 全球价值链分工对经济增长的影响

全球价值链分工推动了各个国家（地区）的经济增长。全球价值链分工使得各个国家（地区）能够以低廉劳动力、土地等生产要素参与其中，提高了其产品的生产和出口能力，实现了经济的快速增长（Backer and Miroudot，2013；Tian et al.，2022）。同时，各个国家（地区）可以通过在全球价值链分工中不断的学习和模仿，逐步实现从代工贴牌到自主品牌的发展飞跃，提高分工地位（Gereffi，1999；Gereffi and Memedovic，2003）。在地区层面，盛斌和赵文涛（2021）探究了城市全球价值链嵌入对中国经济增长的作用发现，全球价值链嵌入可显著促使经济增长。高敬峰和王彬（2020）发现，我国东部地区更多是通过融入全球价值链实现了经济增长，而中西部地区更多是通过融入国内区域价值链实现了经济增长。苏丹妮和邵朝对（2017）以及盛斌等（2020）的研究发现，全球价值链嵌入对经济增长的正向影响具有地区溢出特征，并且全球价值链嵌入和国内价值链嵌入对经济增长的促进作用是互补的。在企业层面，孙学敏和王杰（2016）以及吕越等（2017）均发现，参与全球价值链分工可以显著提高中国企业的全要素生产率。

尽管各国（地区）参与全球价值链分工有助于本国（地区）经济增长，各国（地区）从参与全球价值链分工中获得的经济增长福利是有差异的。相对于发达国家（地区），参与全球价值链分工对发展中国家（地区）经济增长的促进作用相对较小。比如，戴翔等（2020）发现，融入全球价值链对经济增长质量的积极作用，主要发生在位于价值链中高端地位的发达经济体。刘洪愧和谢谦（2017）考察了不同类型的新兴经济体参与全球价值链分工对全要素生产率的影响发现，全球价值链参与能显著提高发达新兴经济体的全要素生产率，但不能提高发展中新兴经济体的全要素生产率。特别是当前，发展中国家（地区）参与全球价值链分工正面临双重困境。其一，国际金融危机后，部分发达国家（地区）掀起了一股以贸易保护为主要表现形式的逆全球化潮流，这容易引致发展中国家（地区）的经济波动。因为在全球价值链分工中，垂直专业化生产使各国（地区）经济相互合作与依存，形成了"一荣俱荣、一损俱损"的危机传染机制，逆全球化的波及效应被放大（佟家栋等，2017）。其二，发达国家（地区）主导的 GVC 分工中，发展中国家（地区）主要从事组装等低附加值的生产工序，发达国家（地区）通过品牌垄断、渠道控制、技术封锁等方式遏制发展中国家（地区）通过技术创新实现向价值链高端的攀升（Mayer，

2002；Schmitz，2004；刘志彪、张杰，2009；Cattaneo 等，2013）。此外，近期有研究发现，受能源革命、人工智能深化、新冠疫情危机等因素的影响，GVC 出现了区域化的迹象，即 GVC 从分散在世界各国（地区）的分布结构，转向相对集中的区域性生产网络（倪红福等，2021；史丹、余菁，2021）。一旦该趋势形成，部分地理偏远的发展中国家（地区）就存在被 GVC "边缘化"的风险。

2. 全球价值链分工对其他经济方面产生的影响

全球价值链分工除了会对经济增长产生直接影响外，还可以直接影响到环境、收入差距、贸易政策实施等。第一，有文献研究了全球价值链嵌入对污染物排放强度的影响，但是这些文献的研究结论并不一致。其一，有文献发现全球价值链嵌入会提高污染物排放强度（潘安，2017；赵玉焕等，2020）；其二，有文献发现全球价值链嵌入会降低污染物排放强度（余泳泽、段胜岚，2022）；其三，有文献发现全球价值链嵌入对污染物排放强度的影响是非线性的（吕延方等，2019；Wang 等，2020）。之所以研究结论不统一，可能与行业的技术密集度、全球价值链嵌入方式、研发投资等因素有关（吕越、吕云龙，2019；苏丹妮，2020；蔡礼辉等，2020；Wang 等，2019）。第二，有文献研究了全球价值链嵌入对各国（地区）收入差距的影响。这些文献发现，一方面，全球价值链嵌入特别是后向嵌入缩小了各国（地区）的工资差距（高运胜等，2017；冯晓华等，2018）；另一方面，全球价值链嵌入位置向上游移动（吴云霞、蒋庚华，2018；耿伟、郝碧榕，2018；赵玉焕、钱之凌，2020）。第三，有文献探讨了全球价值链嵌入贸易保护实施的影响，发现全球价值链嵌入对反倾销措施的发起存在显著的抑制效应（Blanchard 等，2016；彭冬冬、杨培祥，2018；唐宜红、张鹏杨，2020）。此外，近期还有文献考察了全球价值链分工对消费、通货膨胀等的影响（魏如青、郑乐凯，2022；张少军等，2022）。

（二）间接经济效应

全球价值链分工作为一种生产组织模式不仅会对经济发展产生直接影响，还可以作用于其他因素对经济发展产生影响，概括起来有以下三个方面。第一，全球价值链分工强化了贸易壁垒对贸易规模的影响。在全球价值链分工体系下，产品各个生产环节布局于不同的国家（地区），每个生产环节之间相互衔接、影响，如果某一个生产环节出现问题，整个生产链条都会受到冲击。因此全球价值链分工扩大了被贸易壁垒削减的贸易促进效应（Ferrantino，2012；Diakantoni et al.，2017；林珏、彭冬冬，2016）。Yi（2003）基于李嘉图模型和美国 1962 年以后的贸易数据，模拟了全球价值链分工对关税下降贸易促进作用的影响发现，由于全球价值链分工体系的建立，1960 年以后关税小幅度的下降却促进了贸易规模更加迅速的增长。倪红福（2020）发现，随着中国深度参与全球价值链，中国关税的放大效应从 2000 年的 2.57 上升到 2017 的 3.17，世界各国（地区）的关税都存在一定程度的放大效应，并且都在 1.50 以上。

第二，全球价值链分工影响了国际经济的传导。一方面，在全球价值链分工中，垂直专业化生产使各国（地区）经济相互合作与依存，因此全球价值链分工强化了国际经济周期的协同性。比如，Giovanni 等（2018）、唐宜红等（2018）以及张支南等（2020）从宏微观层面均发现全球价值链嵌入是促进经济周期联动的重要因素。另一方面，在全球价值链分工中，各国（地区）在生产上相互衔接，如果一国（地区）的生产出现问题，整个生产链条国家（地区）都会受到冲击，因此全球价值链分工也势必会延长和强化外部冲击的影响。比如，吕越等（2020）发现，金融危机的冲击使得处于价值链相对上游的企业面临更高的出口风险，说明全球价值链使得危机的传导具有了"长鞭效应"。文武和詹森华（2021）以及文武等（2021）发现，全球价值链嵌入主要是提高了收缩时期国际经济的协同性。

第三，全球价值链分工影响了汇率的贸易传递效应。根据传统的贸易理论，本币贬值会促进出口，改善贸易收支。但是在全球价值链分工中，各国（地区）为了完成出口生产需要进口大量中间品，因此全球价值链分工会弱化汇率的贸易传递效应，特别是一国（地区）越是处于全球价值链分工的下游，汇率的贸易传递效应越弱。比如，田侃等（2019）发现传统的双边实际汇率对出口的影响并不显著，并且影响系数也很小。张天顶和唐凤（2018）进一步在考虑全球价值链的条件下发现，一国（地区）货币贬值对其出口贸易的促进作用减弱。吴丽华等（2020）发现，全球价值链分工后向联系通过减弱汇率的价格传递效应减弱汇率对贸易出口的影响。

第二节　关于逆全球化的相关研究

2008 年国际金融危机以后，以美国为首的西方国家（地区）掀起了一股逆全球化潮流，并且在部分发展中国家（地区）也发生了一些逆全球化运动（Blazevski，2014）。逆全球化潮流主要有两大方面的表现。第一，贸易保护主义的盛行（杜正艾，2009；胡建雄，2017）。第二，逆全球化的"黑天鹅"事件频发。主要包括：英国脱欧、意大利公投修宪失败、欧洲难民危机等（Contractor，2017）。这两个方面的现象表明逆全球化已经从思潮转向了实际性的政策实施层面（陈伟光、郭晴，2017），全球经济的发展面临着极大的不确定性。目前学者就逆全球化的形成动因和影响效应进行了一定的研究。

一　关于逆全球化形成动因的相关研究

（一）经济因素

1. 经济持续低迷

逆全球化是伴随着经济低速增长而产生的。2008 年国际金融危机以后，全球经济增长放缓，一方面，这引起了人们对全球化的反思，人们发现商品或资本的自由跨境流动使得本国（地区）经济受到金融危机的严重冲击（刘伟等，2009）；另一方面，这也使得促进经济复苏成为国家（地区）政府的重要工作目标，一些国家（地区）会倾向于使用贸易保护措施来刺激本国（地区）经济增长（居占杰，2010）。比如，Bao 和 Qiu（2011）发现，在经济低迷时期，一国（地区）更倾向于对外发起反倾销调查。

2. 收入分配恶化和失业增加

经济全球化的确有利于生产力的增长和生产效率的提升，但是也要看到经济全球化可能恶化收入分配以及增加失业，而收入分配的不公平和失业率的提高被认为是当前逆全球化兴起的主要动因。在理论层面上，根据斯图尔帕-萨缪尔森定理可知，在要素可以自由流动的条件下，国际贸易将提升一国（地区）丰裕要素的收入，降低稀缺要素的收入；根据李嘉图维纳定理可知，在要素不能自由流动的条件下，国际贸易将提高出口部门的特定要素的收入，而降低进口竞争部门的特定要素的收入。在实证层面上，大量的研究已经证实自由贸易对工人特别是低技能工人的工资产生较大的不利影响，进而扩大了工人之间的收入差距。比如，Hummels 等（2014）基于丹麦的数据发现，进口冲击导致低技能工人工资下降了7.3%，而高技能工人工资反而上升了8.5%。Baumgarten（2013）基于丹麦的数据发现，出口会扩大技能工资差距。陈波和贺超群（2013）基于中国工业企业的数据发现，出口贸易自由化拉大了技术工人与非技术工人的工资差距。自由贸易不仅会扩大收入差距，还可能引致工人失业。比如，Autor 等（2013）发现，来自中国的进口显著地提高了美国的失业率。Acemoglu 等（2016）进一步考虑上下游企业的产业关联后，发现 1999 ~ 2011 年美国从中国的进口使美国损失了 200 万个工作岗位，占同期就业规模总降幅的 30% 左右。

全球化导致收入分配恶化和失业增加，引发了以蓝领工人为代表的底层民众对经济全球化的不满。比如，丁纯（2016）发现，在英国脱欧公投中，受过高等教育的选民中留欧与脱欧比是 68∶32，而受过普通中等教育及以下的选民中则为 30∶70。Goodwin 和 Heath（2016）也同样发现，非专业性职业者比例高的地区其留欧投票的比例更低。需要指出的是，尽管无论是在理论还是在经验上，经济全球化可能会造成收入分配恶化和失业增加，但是现有研究并没有充足的证据表明全球化是造成收入分配恶化和失业增加的"罪魁祸首"。近年来，导致各国（地区）收入分配恶化和失业增加更主要原因可能是飞速发展的技术、劳动力市场变化以及社会政策等（盛斌、黎峰，2020）。但是在现实中，一些政治势力刻意操纵舆论，极力宣传全球化会引致收入分配恶化和失业增加，误导、威吓民众，其真实目的是利用逆全球化的宣传拉选票，进而获得蓝领工人的支持，最终在全球范围内掀起一股逆全球化潮流。

3. 国家（地区）间经济力量对比发生转变

全球价值链分工使得各个发展中国家（地区）能够依据其比较优势参与其中，其实现了经济的快速增长，缩小了与发达国家（地区）的差距。

因此发达国家（地区）的经济优势地位被动摇，产生了危机感和对于全球化的反对态度，从而出现逆全球化倾向（廖晓明、刘晓锋，2018）。比如，高运胜等（2021）的研究发现，一国（地区）贸易利益失衡是其"逆全球化"行为的重要动因，贸易利益失衡会影响国家（地区）间的贸易政策、政治行为以及金融活动，进而导致逆全球化。丁纯等（2019）指出美欧激烈的贸易争端背后，是欧盟长期对美保持巨额货物贸易顺差等因素使然。国家（地区）间经济力量的对比不仅表现在贸易利益或贸易规模上，也表现在国家（地区）间技术水平与分工地位方面。比如，美国特朗普政府以中美贸易逆差为借口悍然挑起中美贸易摩擦，然而美方公布在列的制裁商品不仅不是中国对美国主要顺差来源项，而是包含部分如航天航空类商品等中国对美国主要逆差来源项，这表明遏制我国的技术进步是特朗普政府对中国实施贸易制裁的主要动机（程大为等，2019）。余振等（2018）的实证研究发现，中国与贸易伙伴在某行业全球价值链分工中的地位越接近，中国与该贸易伙伴发生贸易摩擦的频率越高。

（二）政治因素

1. 民粹主义政党崛起

近20年来，民粹主义政党在西欧等一些地区开始崛起，特别是自2008年以来全球经济持续低迷、收入分配恶化以及失业率居高不下，助长了民众对全球化的不满，民粹主义政党借此得以扩张（郑春荣，2017）。民粹主义政党崛起既是逆全球化的表现也是它形成的原因。民粹主义政党在经济上主张挽救新自由主义的扩张危机，强调本国（地区）制造的经济利益。在政治上民粹主义政党崛起使得国内政策向民粹主义妥协，其通过逆全球化来转移国内矛盾，加剧了经济逆全球化的趋势（周英迪，2020）。

2. 多边贸易治理体系不健全

一方面，多边贸易体制存在"搭便车"的问题。多边贸易体制是一个典型的公共产品，既然是公共产品就有可能被"搭便车"，各国（地区）经济增长缓慢时，各国（地区）刺激需求的经济政策封闭性特征决定了一些国家（地区）想坐享多边贸易体制倡导的贸易自由化带来的集体利益（胡立法，2010）。比如，一些发达国家（地区）高举自由贸易旗帜推动各国（地区）尤其是发展中国家（地区）消除贸易壁垒，但对于包括纺织品、棉花等在内的大多数发展中国家（地区）的出口商品却仍保持着配额限制（盛斌、黎峰，2020）。另一方面，部分贸易规则缺失或者标准不统一。其一，近年来贸易投资一体化规则与边界后措施规制缺失的矛盾日益凸显；其二，各国（地区）的知识产权保护、政策环境标准、劳工标准等政策标准不统一，国家（地区）间社会制度及规制的矛盾与冲突亟待协调（盛斌、陈帅，2015）。

二　关于逆全球化影响效应的相关研究

（一）贸易保护的影响效应

1. 国外贸易保护措施对国际贸易的影响

相关文献大致可以分为两类。第一，大量的文献考察了某一项特定的贸易保护措施对贸易的影响。这些研究发现，反倾销、技术贸易壁垒和非关税措施对国际贸易均产生了显著的抑制效应（Lu et al.，2013；鲍晓华、朱达明，2015；王孝松等，2015；罗胜强、鲍晓华，2019；谷祖莎、梁俊伟，2016；梁俊伟、魏浩，2016）。第二，还有一部分文献全面地研究贸易保护措施的影响效应。比如，Henn 和 McDonald（2011）基于国家（地区）-产品层面的双边贸易数据综合性地考察了金融危机后贸易保护措施对全球贸易的影响，发现贸易保护措施使全球贸易额在 2009 年第四季度下降了 0.21%，如果取消贸易保护措施，将使全球贸易额在 2010 年初提高300 亿至 350 亿美元。彭冬冬和罗明津（2018）基于 GTA 数据库与中国海关统计数据库的合并数据，定量识别国外贸易保护措施对中国制造业企业出口的实际影响发现，国外贸易保护措施的实施显著地降低了受影响企业的出口规模，国外贸易保护措施对制造业出口的抑制效应是通过降低出口的数量和质量来实现的。

2. 国外贸易保护措施对企业生产行为的影响

国外贸易保护措施不仅会对国际贸易产生影响，还会影响企业的生产行为。第一，有文献考察国外贸易保护措施对企业就业的影响，发现国外贸易保护措施不仅会影响企业的就业规模还会引致企业就业结构的调整。就就业规模而言，薛同锐和周申（2017）指出，后危机时代美国发起的贸易保护在短期内会加剧中国劳动力市场动荡，不利于中国劳动力就业。彭冬冬（2021）发现，国外贸易保护措施显著降低了中国受影响企业的就业增速。就就业结构而言，Navaretti等（2019）发现，国外发起的技术贸易壁垒（TBTs）提高了受影响出口企业的管理人员占比，降低了受影响出口企业的白领、蓝领以及专业技术人员占比。第二，有文献考察国外贸易保护措施对企业生产率的影响，但是研究结论并不统一。比如，奚俊芳和陈波（2014）发现，国外对华反倾销对中国出口企业全要素生产率有显著提升作用，并且反倾销对企业全要素生产率的这一正向影响主要通过技术效率的提升实现。而谢申祥等（2017）却发现，反倾销壁垒抑制了我国出口企业的生产率，其中增加值下降和生产要素缺乏调整是导致企业生产率降低的主要缘由。第三，有文献考察国外贸易保护措施对企业创新行为的影响，同样研究结论并不统一。既有文献认为国外贸易保护措施可以促进企业进行创新。比如，Miyagiwa和Ohno（1995）发现不管是长期性关税还是临时性关税，国外贸易保护会促使企业更加快速地采纳新技术。高新月和鲍晓华（2020）发现，对华反倾销促使受影响的企业出口更高质量的产品。魏明海和刘秀梅（2021）发现，随着贸易环境不确定性上升，企业的研发投入和专利申请数量均显著增加。也有文献指出国外贸易保护措施对企业的创新行为产生了显著的抑制作用。比如，李双杰等（2020）、沈昊旻等（2021）以及曹平等（2021）的实证研究均发现，对华反倾销抑制了中国企业的创新行为。

　　3. 贸易保护措施对本国（地区）的经济影响

　　一国（地区）实施贸易保护的初衷在于促进本国（地区）就业和经济的增长，因此一些文献探讨了贸易保护措施对本国（地区）的经济影响。从宏观层面，现有研究发现，贸易保护不仅不会对本国（地区）的经济增长产生显著刺激作用，甚至会抑制本国（地区）经济增长（吴昊、陈娟，2017；王宇、王铮，2018；Potrafke et al.，2020）。在微观层面，一方面，一国（地区）对外发起的贸易保护可以对国内进口竞争性企业产生一定的救济作用（陈清萍、鲍晓华，2017；宋华盛、朱小明，2017；王孝松、武皖，2019，冯美丽、董银果，2021），促进国内进口竞争性企业的就业和研发（何欢浪等，2020；何欢浪等，2021）；另一方面，一国（地区）对外发起的贸易保护也可能抑制下游企业的出口和创新（鲍晓华、陈清萍，

2019；何欢浪等，2022）。

（二）英国脱欧、中美贸易摩擦等逆全球化事件的影响效应

1. 英国脱欧的影响效应

英国脱欧是近几年逆全球化潮流的标志性事件之一，对世界经济产生了巨大的冲击。第一，一部分文献研究了英国脱欧对国际贸易或投资的影响。吴标（2017）基于一个复杂网络的收入支出模型发现，英国脱欧给世界贸易带来重大影响，无论初始冲击仅限于欧盟国家，还是所有与其有直接贸易联系的国家（地区），都会带来世界贸易网络中各国（地区）出口和进口的下降。朱庆华等（2021）使用 GATP 模型对英国脱欧的经济贸易效应进行模拟发现，英国脱欧后与欧盟签署贸易与合作协定未对中国贸易规模产生负面影响。孙秀丽（2022）发现，英国脱欧会严重削弱欧盟的服务贸易竞争力，其中竞争力下降明显的细项是金融服务和保险与养老服务。David 等（2019）、Jeremy（2019）以及 Holger 等（2020）均指出，英国脱欧会对英国的外国直接投资产生非常不利的影响，并且出口企业的外国直接投资受到的影响较为显著。第二，一部分文献研究了英国脱欧对国际金融市场的影响。赵琼和郭程翔（2019）分别使用时间序列模型、GARCH 和 BEKK-GARCH 模型研究了英国脱欧对英镑汇率波动性的影响发现，英国脱欧不仅减弱了英镑与人民币之间的格兰杰因果关系，也使得英镑与欧元、瑞士法郎的波动溢出关系减弱。涂永红和赵雅梅（2021）基于事件研究法发现，一方面，英国脱欧显著降低了英镑与欧元的币值，相比于欧元，英镑受到的影响更强烈；另一方面，人民币和日元汇率仅在英国脱欧公投事件中受到一定影响，较少受后续脱欧进程的影响。第三，一部分文献模拟了英国脱欧的福利效应。Emerson 等（2017）发现，英国脱欧对于欧盟 27 国来说，损失几乎微不足道，但是对于英国来说，损失可能非常大。对欧盟各成员国（尤其是爱尔兰）和各部门的影响可能更为显著。Dhingra 等（2017）利用可计算的一般均衡模型模拟了英国脱欧的福利效应发现，如果英国脱欧后像挪威一样留在欧盟单一市场内，英国家庭的平均福利损失为 1.3%；如果英国脱欧后与欧盟维持 WTO 成员之间的关系，英国家庭的平均福利损失则为 2.7%。Hantzsche 等（2019）发现，从长远来看，英国脱欧使得英国的人

均 GDP 将下降 3% 左右，如果英国脱欧后英国与欧盟保持关税同盟关系，英国的人均 GDP 会下降 2% 左右。

　　2. 中美贸易摩擦的影响效应

　　中美贸易摩擦也是逆全球化潮流的标志性事件之一，可能会对中美两国甚至其他国家（地区）产生巨大的影响。第一，一部分文献使用双重差分法估计了中美贸易摩擦的贸易效应。比如，张志明等（2021）采用双重差分模型分析中国对美实施反制关税的贸易效应发现，第一轮加征反制关税会通过降低自美进口量以及平均进口价格两个渠道降低自美进口额。张建武和钟晓凤（2022）发现，中国对自美进口农产品加征关税显著降低了其进口额。第二，一部分文献基于 GTAP、CGE、结构估计等一般均衡的分析框架模拟中美贸易摩擦的影响效应。这些研究发现，中美双方都将在贸易摩擦中受损，并且贸易摩擦对中美双方的影响是非对称的，中美贸易摩擦对中国的产出、就业或出口等方面产生了更加负面的影响，并且日韩等国也会受到中美贸易摩擦的严重冲击（Rosyadi and Widodo，2017；李春顶等，2018；肖志敏、冯晟昊，2019；周政宁、史新鹭，2019；Li 等，2021；王孝松、武皖，2020；樊海潮等，2021）。第三，一部分文献使用一些局部均衡方法模拟中美贸易摩擦的福利效应。王晓星和倪红福（2019）在测算中国双边进口需求弹性和贸易限制指数的基础上评估了中美贸易摩擦对两国福利的影响发现，美国对中国加征关税最多可使中美贸易顺差下降 975.45 亿美元，征税后美国无谓损失要高于中国。吕越等（2019）基于 SMART 模型，考察了中美贸易摩擦对中美双方的福利效应发现，虽然中国的增税清单对美国目标产业的打击程度更大，但中国所遭受的总体福利损失更多。第四，一部分文献基于全球投入产出模型测算了中美加征关税的影响效应。比如，倪红福等（2018）发现，中美加征关税使得美国的价格水平提升幅度大于中国，因此美国居民的福利损失要大于中国。刘维林等（2020）发现，在考虑到价值链传导作用引发的间接影响后，美国加征关税会导致中国的总就业人数减少 100 多万人。齐鹰飞和 LI（2019）发现，中美两国的四轮关税加征使得中国就业损失最为严重的是制造业，而美国第一产业的就业损失最大。

第三节　文献述评

一方面，现有研究对全球价值链分工的形成动因、测度指标、升级与重构影响因素以及经济效应等内容展开了深入的探讨；另一方面，现有研究就逆全球化的形成动因和影响效应进行了一定的分析。现有文献为后续研究提供了重要的参考和启示，但仍存在拓展空间。第一，垂直专业化分工视角下逆全球化波及效应的检验。一则，现有文献集中于探讨逆全球化冲击的直接影响，但是较少研究逆全球化措施所产生的跨区域、跨行业的波及效应；二则，现有文献指出垂直专业化分工会延长和强化外部冲击的影响，但是较少去检验逆全球化冲击在全球价值链分工网络下的传导影响。鉴于此，本书在垂直专业化分工背景下全面深入地检验一国（地区）实施的逆全球化措施沿着全球价值链分工网络产生跨区域、跨行业的波及效应。第二，逆全球化波及效应产生机理的识别。尽管少数文献在模拟逆全球化的影响效应时有注意到一国（地区）发起的逆全球化冲击可能会产生跨行业、跨区域的波及效应，但是这些文献只是提出了一些逆全球化波及效应可能产生的原因，并未对逆全球化波及效应的传导机理进行科学的识别，这使得应对逆全球化的策略缺乏学理支撑。鉴于此，本书提出在垂直专业化分工背景下逆全球化可以通过影响中间品流动规模、中间品购进成本以及资本品和资本流入三个机制产生广泛的波及效应，然后本书使用回归分析和投入产出分析等方法，科学严谨地识别出这三大机制是显著存在的。逆全球化波及效应产生机理的识别可以为我们规避逆全球化冲击的不利影响提供重要启示。

第二章
全球价值链分工与逆全球化的
演变趋势

过去几十年，垂直专业化生产是全球经济发展的显著特征。其中，全球价值链分工是当前垂直专业化生产的表现形式（Hummels 等，1998）。与此同时，在 2008 年国际金融危机的影响下，以美国为首的西方国家（地区）掀起了一股以贸易保护主义为重要表现形式的逆全球化潮流，并且在部分发展中国家（地区）也出现了一些逆全球化行为。本章的安排如下：第一节，根据全球价值链分工的测度指标，对不同年份、不同国家（地区）、不同行业参与全球价值链分工的程度和模式进行研究分析；第二节，从总体层面和典型事实层面两个层面去分析 2008 年国际金融危机以后逆全球化浪潮的发展趋势。

第一节　全球价值链分工的演变趋势

一　指标构建

（一）全球价值链分解

假设世界上有 G 个国家（地区），N 个行业。根据世界投入产出表，总产出可以被表示为：$X = AX + Y$ 或者 $X = BY$。其中，X 为总产出，Y 为最终产品消费，X 与 Y 均为 $GN\times1$ 阶列矩阵，A 为 $GN\times GN$ 阶投入产出方阵，$B=1-A$。将世界投入产出表转换成分块矩阵，用 A_{sr} 表示 s 国（地区）生产的产品被用于 r 国（地区）中间品投入的 $N\times N$ 阶消耗系数矩阵。

$$A=\begin{bmatrix} A_{11} & A_{12} & \cdots & A_{1G} \\ A_{21} & A_{22} & \cdots & A_{2G} \\ \vdots & \vdots & & \vdots \\ A_{G1} & A_{G2} & \cdots & A_{GG} \end{bmatrix} \tag{2-1}$$

根据上述世界投入产出表可以将总产出分解成境内产出和境外产出两个部分，用公式表示为：

$$X=A^D X+Y^D+A^F X+Y^F \tag{2-2}$$

其中，A^D 为分块矩阵 A 的对角矩阵，$A^D X$ 表示本国（地区）的中间品产出，$A^F=A-A^D$，$Y^D=[Y^{11}, Y^{22}, \cdots, Y^{GG}]$，$Y^F=Y-Y^D$，$Y_{sr}$ 表示 r 国（地区）进口 s 国（地区）的最终产品。将式（2-2）变形可以得到：

$$X=(I-A^D)^{-1} Y^D+(I-A^D)^{-1} E=LY^D+LE=LY^D+LY^F+LA^F X \tag{2-3}$$

其中，L 为里昂惕夫矩阵，$E=A^F X+Y^F$。Wang 等（2017）基于式（2-3）将总生产活动划分为四部分，即等式两边同乘 $GN\times GN$ 阶增加系数对角矩阵 $\hat{V}$，并将 $X=BY$ 代入式（2-3）可得：

$$\hat{V}BY=\hat{V}L\hat{Y}^D+\hat{V}L\hat{Y}^F+\hat{V}LA^F BY=\hat{V}L\hat{Y}^D+\hat{V}L\hat{Y}^F+\hat{V}LA^F L\hat{Y}^D+\hat{V}LA^F(BY-L\hat{Y}^D) \tag{2-4}$$

其中，$\hat{V}B\hat{Y}$ 表示各国（地区）各行业增加值在全球范围内的流向以及分解，式（2-4）将增加值流向按照生产活动目的划分为四个部分，$\hat{V}L\hat{Y}^D$ 为境内生产和消费的增加值，$\hat{V}L\hat{Y}^F$ 为包含在最终产品出口中的增加值，这两项均不涉及跨境生产与合作。$\hat{V}LA^F L\hat{Y}^D$ 和 $\hat{V}LA^F(\hat{B}Y-L\hat{Y}^D)$ 分别为跨境简单生产与复杂生产。分别按行或列加总式（2-4）中的元素，分解国家（地区）-产业层面的境内增加值去向和最终产品增加值来源：

$$Va=\hat{V}BY=\underbrace{\hat{V}LY^D}_{V\_D}+\underbrace{\hat{V}LY^F}_{V\_RT}+\underbrace{\hat{V}LA^F LY^D}_{V\_GVC\_S}+\underbrace{\hat{V}LA^F(BY-LY^D)}_{V\_GVC\_C} \tag{2-5}$$

$$Y = VB\,\widehat{Y^D} = \underbrace{VL\,\widehat{Y^D}}_{Y\_D} + \underbrace{VL\,\widehat{Y^F}}_{Y\_RT} + \underbrace{VLA^F L\,\widehat{Y^D}}_{Y\_GVC\_S} + \underbrace{VLA^F\,\left(\widehat{BY - L\,Y^D}\right)}_{Y\_GVC\_C} \tag{2-6}$$

其中，式（2-5）刻画的是境内增加值的去向，用来描述国家（地区）-产业的前向联系，式（2-6）刻画的是最终产品包含的增加值来源，用来描述国家（地区）-产业的后向联系。第一项 V_D 和 Y_D 为纯境内生产并吸收的增加值，不涉及跨境贸易。第二项 V_RT 和 Y_RT 为包含在最终产品出口中的境内增加值与最终产品进口中的境外增加值。第三项 V_GVC_S 和 Y_GVC_S 为简单跨境生产，前者是一国（地区）出口中间品包含的境内增加值，该部分仅用于进口国（地区）生产该国（地区）消费品；后者是他国（地区）进口中间品包含的他国（地区）增加值，该部分仅用于生产境内消费品。第四项 V_GVC_C 和 Y_GVC_C 为跨境复杂生产，前者是一国（地区）出口的境内增加值被他国（地区）进口用于生产出口品；后者是他国（地区）进口的中间品中包含的他国（地区）增加值或折返的境内增加值，该部分被用于生产境内消费品或出口品。

（二）全球价值链参与度与分工位置

1. 全球价值链参与度的测度

根据境内增加值去向和最终产品增加值来源，可以将全球价值链参与度划分为全球价值链前向参与度和全球价值链后向参与度，其表达式分别为：

$$GVC_f = \frac{V\_GVC\_S}{Va} + \frac{V\_GVC\_C}{Va} \tag{2-7}$$

$$GVC_b = \frac{Y\_GVC\_S}{Y} + \frac{Y\_GVC\_C}{Y} \tag{2-8}$$

其中，GVC_f 为全球价值链前向参与度，GVC_b 为全球价值链后向参与度，该指标与前后项产业关联完全一致。根据跨境生产次数分为简单与复杂参与，即全球价值链前向简单参与、全球价值链前向复杂参与、全球价值链后向简单参与和全球价值链后向复杂参与四个指标，分别对应式（2-7）和式（2-8）等号右边的两项。全球价值链前向简单参与意味着生产与消费局限在两国（地区）之间，表示该国（地区）或行业在区域价值链分工中处于上游位置。全球价值链前向复杂参与意味着生产与消费不局限于两国（地区）之间，表示该国（地区）或行业在全球价值链分工中处于上游位置。全球价值链后向简单参与意味着生产与消费局限在两国（地区）之间，表示该国（地区）或行业在区域价值链分工中处于下游位置。全球价值链后向复杂参与意味着生产与消费不局限于两国（地区）之间，表示该国（地区）或行业在全球价值链分工中处于下游位置。

2. 全球价值链分工位置的测度

Wang 等（2017）在将全球价值链参与度划分为全球价值链前向参与度和全球价值链后向参与度后，还采用生产长度衡量一国（地区）行业从初始产品投入到最终产品吸收所经历的平均生产阶段数，进而构建 GVC 位置指数 GVC_i：

$$GVC_i = \frac{Plv\_GVC}{Ply\_GVC} \qquad (2-9)$$

其中，Plv_GVC 为前向关联生产长度，代表一国（地区）某行业到价值链末端的平均生产长度；Ply_GVC 为后向关联生产长度，代表从其他国家（地区）投入品到一国（地区）某行业最终产品之间的距离。全球价值链位置指数提高表明行业与最终需求的距离相对于其与初始投入端的距离增加，这说明行业向全球价值链上游移动。

3. 数据来源

全球价值链参与度指数以及全球价值链位置指数计算所需数据均来自对外经济贸易大学全球价值链研究院 UIBE GVC Index 实验室。该实验室基于经济合作与发展组织投入产出数据库（OECD-ICIO）进行价值链分解，计算了 1995~2018 年全球 67 个国家（地区）45 个行业全球价值链分工的相关数据。①

---

① 实际上 UIBE GVC Index 实验室还基于 WIOD 数据库和 ADB MRIO 数据库的投入产出数据进行价值链分解，之所以本章未针对这两类分解结果进行分析，原因是：第一，WIOD 数据库的时间跨度是 2000~2014 年，基于 WIOD 数据库的价值链分解结果数据相对偏旧；第二，ADB MRIO 数据库的时间跨度是 2007~2020 年，基于 ADB MRIO 数据库的价值链分解结果无法观测金融危机以前全球价值链的演变态势。

二　全球价值链分工的发展特征

（一）全球价值链参与度的测度结果

表2-1报告了1995～2018年全球价值链参与度[1]。其显示，第一，GVC前向参与度由1995年的0.1777逐步提高至2018年的0.2278，24年间GVC前向参与度提高了28.19%。其中，GVC前向简单参与度和GVC前向复杂参与度分别由1995年的0.1237、0.0539提高至2018年的0.1398、0.0880，二者在24年间分别提高了13.02%、63.27%，可见GVC前向参与度的增长主要是由GVC前向复杂参与带动的。

第二，GVC后向参与度由1995年的0.1783逐步提高至2018年的0.2195，24年间GVC后向参与度提高了23.11%。其中，GVC后向简单参与度和GVC后向复杂参与度分别由1995年的0.1011、0.0772变动至2018年的0.1041、0.1154，二者在24年间分别提高了2.97%、49.48%，可见GVC后向参与度的增长主要是由GVC后向复杂参与带动的，从2007年开始GVC后向复杂参与度开始超过GVC后向简单参与度。总而言之，表2-1的数据表明1995～2018年全球价值链参与度稳步提高，并且全球价值链参与度的提高主要是由全球价值链复杂参与度的提升引致的，产品的多次跨境生产的趋势非常明显。

表 2-1　1995~2018 年 GVC 参与度

年份	GVC 前向参与度	GVC 前向简单参与度	GVC 前向复杂参与度	GVC 后向参与度	GVC 后向简单参与度	GVC 后向复杂参与度
1995	0.1777	0.1237	0.0539	0.1783	0.1011	0.0772
1996	0.1781	0.1232	0.0549	0.1813	0.1010	0.0803
1997	0.1826	0.1249	0.0577	0.1846	0.1024	0.0822
1998	0.1879	0.1274	0.0605	0.1854	0.1000	0.0854
1999	0.1919	0.1294	0.0625	0.1858	0.0995	0.0862
2000	0.2028	0.1335	0.0693	0.1974	0.1039	0.0935

---

[1]　为了简便起见，后文中用 GVC 表示全球价值链。

续表

年份	GVC 前向 参与度	GVC 前向 简单参与度	GVC 前向 复杂参与度	GVC 后向 参与度	GVC 后向 简单参与度	GVC 后向 复杂参与度
2001	0.2007	0.1322	0.0685	0.1968	0.1028	0.0939
2002	0.1997	0.1317	0.0680	0.1935	0.1021	0.0914
2003	0.1995	0.1314	0.0681	0.1945	0.1022	0.0923
2004	0.2060	0.1332	0.0727	0.2017	0.1038	0.0979
2005	0.2105	0.1344	0.0762	0.2078	0.1051	0.1026
2006	0.2150	0.1354	0.0796	0.2152	0.1078	0.1074
2007	0.2152	0.1344	0.0807	0.2166	0.1076	0.1090
2008	0.2206	0.1368	0.0838	0.2245	0.1097	0.1148
2009	0.2065	0.1339	0.0726	0.2042	0.1014	0.1028
2010	0.2151	0.1357	0.0794	0.2136	0.1052	0.1083
2011	0.2228	0.1378	0.0850	0.2210	0.1063	0.1147
2012	0.2232	0.1382	0.0850	0.2236	0.1068	0.1167
2013	0.2220	0.1375	0.0845	0.2215	0.1064	0.1152
2014	0.2224	0.1378	0.0846	0.2196	0.1054	0.1142
2015	0.2227	0.1380	0.0846	0.2141	0.1021	0.1120
2016	0.2218	0.1379	0.0839	0.2109	0.1016	0.1094
2017	0.2238	0.1374	0.0863	0.2149	0.1024	0.1125
2018	0.2278	0.1398	0.0880	0.2195	0.1041	0.1154

资料来源：笔者根据 UIBE GVC Index 实验室的数据整理而得。

从国家（地区）层面看，各国（地区）GVC 前向参与度和 GVC 后向参与度存在一定的差异。表 2-2 显示，2018 年 OECD 国家（地区）、其他高收入国家（地区）、中高收入国家（地区）、中低收入国家（地区）以及低收入国家（地区）GVC 前向参与度分别为 0.2490、0.2338、0.2302、0.1932、0.1895；2018 年 OECD 国家（地区）、其他高收入国家（地区）、中高收入国家（地区）、中低收入国家（地区）以及低收入国家（地区）GVC 后向参与度分别为 0.2159、0.2677、0.2151、0.1866、0.2511。一方面，相对于中高收入国家（地区）和中低收入国家（地区），其他高收入国家（地区）GVC 前向参与度更大；另一方面，中高收入国家（地区）和中低收入国家（地区）GVC 前向参与度基本大于其 GVC 后向参与度，而低收入国家（地区）GVC 前向参与度远远小于其 GVC 后向参与度。这两方面说明中高收入国家（地区）和中低收入国家（地区）更多地参与全球价值链的前向分工，低收入国家（地区）更多地参与全球价值链的后向分工。

表 2-2 显示，GVC 前向参与度排在前五位的国家（地区）是卢森堡（0.4273）、爱尔兰（0.4100）、新加坡（0.3344）、比利时（0.3331）、荷兰（0.3305）；GVC 后向参与度排在前五位的国家（地区）是卢森堡（0.4401）、越南（0.4086）、马耳他（0.3816）、新加坡（0.3699）、中国香港（0.3321）。不管是 GVC 前向参与度排在前五位的国家（地区）还是 GVC 后向参与度排在前五位的国家（地区）基本上都是高收入国家（地区），2018 年卢森堡的 GVC 前向参与度与 GVC 后向参与度均排在全球第一。

表 2-2　2018 年各国（地区）GVC 参与度

Panel A：各类国家（地区）GVC 前向参与度和 GVC 后向参与度			
国家（地区）类型	GVC 前向参与度	国家（地区）类型	GVC 后向参与度
OECD 国家（地区）	0.2490	OECD 国家（地区）	0.2159
其他高收入国家（地区）	0.2338	其他高收入国家（地区）	0.2677
中高收入国家（地区）	0.2302	中高收入国家（地区）	0.2151
中低收入国家（地区）	0.1932	中低收入国家（地区）	0.1866
低收入国家（地区）	0.1895	低收入国家（地区）	0.2511
Panel B：GVC 前向参与度和 GVC 后向参与度高的国家（地区）			
国家（地区）名称	GVC 前向参与度	国家（地区）名称	GVC 后向参与度
卢森堡	0.4273	卢森堡	0.4401
爱尔兰	0.4100	越南	0.4086
新加坡	0.3344	马耳他	0.3816
比利时	0.3331	新加坡	0.3699
荷兰	0.3305	中国香港	0.3321

资料来源：笔者根据 UIBE GVC Index 实验室的数据整理而得。

从行业大类看，各类行业 GVC 前向参与度和 GVC 后向参与度存在一定的差异。表 2-3 显示，2018 年农林渔业、采掘业、低技术制造业、中技术制造业、高技术制造业、贸易和运输业、邮电金融和商务服务业及其他服务业 GVC 前向参与度分别为 0.1728、0.4616、0.2442、0.3895、0.2838、0.2865、0.1861 和 0.0720；2018 年农林渔业、采掘业、低技术制造业、中技术制造业、高技术制造业、贸易和运输业、邮电金融和商务服务业及其他服务业 GVC 后向参与度分别为 0.1810、0.1860、0.2946、0.3109、0.3280、0.2172、0.1622 和 0.1288。[1] 就 GVC 前向参与度而言，采掘业的 GVC 前向参与度最高，这很容易理解，采掘业的产品，比如铁矿石、煤炭等是众多行业的初始投入品；从制造业内部看，中技术制造业的前向参与度最高；从服务业内部看，贸易和运输业的前向参与度最高。就 GVC 后向参与度而言，高技术制造业后向参与度最高，说明高技术制造业产品的生产需要更多国家（地区）间的合作；从服务业内部看，贸易和运输业的后向参与度同样也最高。

从细分行业看，2018 年 GVC 前向参与度排名前五的行业是基本金属制造业（0.5964）、能源产品开采业（0.4816）、化学原料及化学制品业（0.4813）、非能源产品开采业（0.4588）、开采服务业（0.4458）；2018 年 GVC 后向参与度排名前五的行业是炼焦及石油加工业（0.4683）、汽车挂车和半挂车制造业（0.3674）、电气设备制造业（0.3557）、基本金属制造业（0.3530）、计算机电子和光学设备制造业（0.3444）。

表 2-3　2018 年各行业 GVC 参与度

Panel A：各类行业 GVC 前向参与度和 GVC 后向参与度

行业类别	GVC 前向参与度	行业类别	GVC 后向参与度
农林渔业	0.1728	农林渔业	0.1810
采掘业	0.4616	采掘业	0.1860
低技术制造业	0.2442	低技术制造业	0.2946
中技术制造业	0.3895	中技术制造业	0.3109

[1] 在 OECD-ICIO 数据库中，对所有制造业进行如下分类：高技术制造业包括化学原料及化学制品业、医药制造业、计算机电子和光学设备制造业、电气设备制造业、其他机械设备制造业、汽车拖车和半挂车制造业、其他运输设备制造业；中技术制造业包括金属制品业、基本金属制造业、橡胶及塑料制品业、其他非金属矿产制品业；低技术制造业包括纺织皮革和制鞋业、木材与木制品业、纸制品及印刷业、炼焦及石油加工业、食品饮料和烟草制品业、其他制造业。

续表

Panel A：各类行业 GVC 前向参与度和 GVC 后向参与度			
行业类别	GVC 前向参与度	行业类别	GVC 后向参与度
高技术制造业	0.2838	高技术制造业	0.3280
贸易和运输业	0.2865	贸易和运输业	0.2172
邮电金融和商务服务业	0.1861	邮电金融和商务服务业	0.1622
其他服务业	0.0720	其他服务业	0.1288
Panel B：GVC 前向参与度和 GVC 后向参与度高的行业			
行业名称	GVC 前向参与度	行业名称	GVC 后向参与度
基本金属制造业	0.5964	炼焦及石油加工业	0.4683
能源产品开采业	0.4816	汽车挂车和半挂车制造业	0.3674
化学原料及化学制品业	0.4813	电气设备制造业	0.3557
非能源产品开采业	0.4588	基本金属制造业	0.3530
开采服务业	0.4458	计算机电子和光学设备制造业	0.3444

资料来源：笔者根据 UIBE GVC Index 实验室的数据整理而得。

（二）全球价值链分工位置的测度结果

既然各个国家（地区）参与全球价值链分工的程度有差异，那么各个国家（地区）参与全球价值链分工的位置又存在何种区别？表 2-4 报告了 1995~2018 年各类型国家（地区）的 GVC 分工位置指数。可以看出：1995~2018 年，除其他高收入国家（地区）外，其余类型国家（地区）的 GVC 分工位置指数均呈现下降趋势。具体而言，OECD 国家（地区）、中高收入国家（地区）、中低收入国家（地区）以及低收入国家（地区）的 GVC 分工位置指数分别从 1995 年的 1.0567、1.0420、1.0701 和 1.0444 下降至 2018 年的 1.0471、1.0307、1.0632 和 1.0287。很明显，低收入国家（地区）的 GVC 分工位置指数更低，下降更快，即高收入国家（地区）位于 GVC 的上游，而低收入国家（地区）位于 GVC 的下游。

表 2-4　1995~2018 年各类型国家（地区）的 GVC 分工位置指数

年份	OECD 国家（地区）	其他高收入国家（地区）	中高收入国家（地区）	中低收入国家（地区）	低收入国家（地区）
1995	1.0567	1.0670	1.0420	1.0701	1.0444
1996	1.0578	1.0717	1.0411	1.0620	1.0486
1997	1.0552	1.0574	1.0403	1.0600	1.0469
1998	1.0532	1.0524	1.0357	1.0566	1.0425
1999	1.0527	1.0620	1.0372	1.0622	1.0427
2000	1.0517	1.0619	1.0350	1.0628	1.0354
2001	1.0511	1.0576	1.0346	1.0583	1.0168
2002	1.0534	1.0594	1.0349	1.0570	1.0373
2003	1.0530	1.0564	1.0329	1.0619	1.0328
2004	1.0526	1.0583	1.0338	1.0669	1.0364
2005	1.0495	1.0695	1.0321	1.0693	1.0435
2006	1.0455	1.0642	1.0284	1.0674	1.0368
2007	1.0460	1.0624	1.0240	1.0634	1.0298
2008	1.0412	1.0625	1.0209	1.0628	1.0250
2009	1.0449	1.0649	1.0262	1.0643	1.0404
2010	1.0414	1.0770	1.0245	1.0654	1.0255
2011	1.0453	1.0797	1.0253	1.0745	1.0100
2012	1.0471	1.0823	1.0272	1.0687	1.0076
2013	1.0485	1.0836	1.0288	1.0725	1.0112
2014	1.0496	1.0764	1.0277	1.0742	1.0109
2015	1.0522	1.0764	1.0324	1.0748	1.0109
2016	1.0498	1.0829	1.0331	1.0678	1.0275
2017	1.0496	1.0791	1.0313	1.0614	1.0234
2018	1.0471	1.0744	1.0307	1.0632	1.0287

资料来源：笔者根据 UIBE GVC Index 实验室的数据整理而得。

从具体国家（地区）看，各个国家（地区）的全球价值链分工位置存在明显差异。表 2-5 显示，文莱、澳大利亚、秘鲁、智利、哈萨克斯坦这几个国家（地区）的 GVC 分工位置指数较高，2018 年这五个国家（地区）

的 GVC 分工位置指数分别为 1. 1964、1. 1946、1. 1893、1. 1572、1. 1543。观察各个国家（地区）1995～2018 年 GVC 分工位置指数的变动趋势可以发现，澳大利亚、中国（不含港澳台地区）、智利、新加坡、塞浦路斯这几个国家（地区）的 GVC 分工位置指数在 1995～2018 年的上升趋势比较明显；柬埔寨、哥伦比亚、罗马尼亚、加拿大、南非这几个国家（地区）的 GVC 分工位置指数在 1995～2018 年的下降趋势比较明显。

表 2-5　1995 年、2007 年和 2018 年各类型国家（地区）GVC 分工位置指数及排名

排名	1995 年		2007 年		2018 年	
	国家（地区）名称	GVC 分工位置指数	国家（地区）名称	GVC 分工位置指数	国家（地区）名称	GVC 分工位置指数
1	哈萨克斯坦	1. 2001	哈萨克斯坦	1. 2529	文莱	1. 1964
2	文莱	1. 1986	文莱	1. 2017	澳大利亚	1. 1946
3	南非	1. 1641	秘鲁	1. 2013	秘鲁	1. 1893
4	秘鲁	1. 1534	缅甸	1. 1619	智利	1. 1572
5	沙特阿拉伯	1. 1422	澳大利亚	1. 1400	哈萨克斯坦	1. 1543
6	韩国	1. 1333	沙特阿拉伯	1. 1371	冰岛	1. 1348
7	巴西	1. 1135	南非	1. 1302	沙特阿拉伯	1. 1247
8	俄罗斯	1. 1130	日本	1. 1262	韩国	1. 1143
9	哥伦比亚	1. 1116	中国台湾	1. 1127	南非	1. 1045
10	冰岛	1. 1091	芬兰	1. 1039	巴西	1. 1009
11	缅甸	1. 1048	冰岛	1. 1017	新加坡	1. 0878
12	澳大利亚	1. 1026	韩国	1. 0970	中国台湾	1. 0834
13	日本	1. 1007	智利	1. 0890	俄罗斯	1. 0827
14	芬兰	1. 1002	新加坡	1. 0855	日本	1. 0804
15	罗马尼亚	1. 0967	俄罗斯	1. 0683	塞浦路斯	1. 0748
16	卢森堡	1. 0949	爱尔兰	1. 0672	芬兰	1. 0742
17	智利	1. 0834	泰国	1. 0654	卢森堡	1. 0737
18	中国台湾	1. 0804	卢森堡	1. 0623	马耳他	1. 0674
19	挪威	1. 0749	瑞典	1. 0596	缅甸	1. 0667
20	加拿大	1. 0699	德国	1. 0594	新西兰	1. 0645
21	瑞典	1. 0658	挪威	1. 0575	马来西亚	1. 0643

排名	1995 年		2007 年		2018 年	
	国家（地区）名称	GVC 分工位置指数	国家（地区）名称	GVC 分工位置指数	国家（地区）名称	GVC 分工位置指数
22	德国	1.0628	老挝	1.0495	泰国	1.0609
23	新西兰	1.0606	以色列	1.0471	以色列	1.0527
24	柬埔寨	1.0591	巴西	1.0471	爱尔兰	1.0511
25	马耳他	1.0570	荷兰	1.0468	保加利亚	1.0509
26	保加利亚	1.0565	菲律宾	1.0449	印度尼西亚	1.0473
27	爱沙尼亚	1.0554	哥伦比亚	1.0414	哥伦比亚	1.0460
28	拉脱维亚	1.0549	马来西亚	1.0392	立陶宛	1.0447
29	以色列	1.0533	立陶宛	1.0388	印度	1.0441
30	泰国	1.0508	印度尼西亚	1.0346	瑞士	1.0402
31	法国	1.0447	比利时	1.0337	挪威	1.0387
32	印度尼西亚	1.0438	意大利	1.0274	法国	1.0357
33	荷兰	1.0415	爱沙尼亚	1.0272	德国	1.0343
34	奥地利	1.0413	摩洛哥	1.0266	罗马尼亚	1.0336
35	摩洛哥	1.0402	匈牙利	1.0263	瑞典	1.0335
36	意大利	1.0395	希腊	1.0262	希腊	1.0315
37	比利时	1.0387	马耳他	1.0258	比利时	1.0300
38	墨西哥	1.0361	塞浦路斯	1.0256	老挝	1.0290
39	希腊	1.0359	丹麦	1.0244	丹麦	1.0278
40	菲律宾	1.0343	英国	1.0229	英国	1.0266
41	越南	1.0301	法国	1.0210	荷兰	1.0243
42	丹麦	1.0286	罗马尼亚	1.0206	越南	1.0226
43	瑞士	1.0284	斯洛伐克	1.0164	捷克	1.0216
44	波兰	1.0279	印度	1.0156	菲律宾	1.0207
45	斯洛文尼亚	1.0268	阿根廷	1.0145	斯洛伐克	1.0198
46	印度	1.0266	加拿大	1.0144	阿根廷	1.0176
47	马来西亚	1.0265	捷克	1.0135	匈牙利	1.0148
48	阿根廷	1.0264	新西兰	1.0123	意大利	1.0143
49	塞浦路斯	1.0258	保加利亚	1.0096	奥地利	1.0142

续表

排名	1995 年		2007 年		2018 年	
	国家（地区）名称	GVC 分工位置指数	国家（地区）名称	GVC 分工位置指数	国家（地区）名称	GVC 分工位置指数
50	葡萄牙	1.0246	美国	1.0090	斯洛文尼亚	1.0116
51	突尼斯	1.0240	墨西哥	1.0083	爱沙尼亚	1.0113
52	新加坡	1.0234	奥地利	1.0076	墨西哥	1.0093
53	西班牙	1.0215	拉脱维亚	1.0057	摩洛哥	1.0092
54	匈牙利	1.0200	瑞士	1.0033	突尼斯	1.0085
55	立陶宛	1.0175	斯洛文尼亚	1.0004	加拿大	1.0085
56	爱尔兰	1.0163	土耳其	0.9974	中国	1.0074
57	捷克	1.0156	突尼斯	0.9963	拉脱维亚	1.0044
58	英国	1.0142	波兰	0.9910	葡萄牙	1.0027
59	美国	1.0124	葡萄牙	0.9905	美国	0.9959
60	斯洛伐克	1.0098	西班牙	0.9899	波兰	0.9956
61	中国香港	1.0051	中国	0.9776	西班牙	0.9850
62	老挝	1.0015	中国香港	0.9748	哥斯达黎加	0.9838
63	哥斯达黎加	0.9920	越南	0.9712	土耳其	0.9832
64	土耳其	0.9869	克罗地亚	0.9646	柬埔寨	0.9798
65	克罗地亚	0.9866	哥斯达黎加	0.9567	克罗地亚	0.9770
66	中国	0.9424	柬埔寨	0.9488	中国香港	0.9768

资料来源：笔者根据 UIBE GVC Index 实验室的数据整理而得。

各个行业在全球价值链分工中的位置也是截然不同的。从行业大类看，表 2-6 显示，2018 年采掘业的 GVC 分工位置指数最高，其 GVC 分工位置指数为 1.1739，这与采掘业 GVC 前向参与度最高的结果是一致的；从制造业内部看，随着制造业技术密集度的提升，其 GVC 分工位置指数趋于下降，2018 年低技术制造业、中技术制造业和高技术制造业 GVC 分工位置指数分别为 0.9811、0.9634、0.8958，这表明越是技术含量高的制造产品越接近于产业链的下游。

表 2-6　1995 年、2007 年和 2018 年各行业类别 GVC 分工位置指数

行业类别	1995 年	2007 年	2018 年
农林渔业	0.9473	0.9343	0.9351
采掘业	1.1847	1.1929	1.1739
低技术制造业	0.9893	0.9849	0.9811
中技术制造业	0.9701	0.9538	0.9634
高技术制造业	0.9264	0.8919	0.8958
贸易和运输业	0.9967	1.0042	1.0093
邮电金融和商务服务业	1.1102	1.1039	1.1115
其他服务业	1.1950	1.1828	1.1886

资料来源：笔者根据 UIBE GVC Index 实验室的数据整理而得。

从细分行业看，表 2-7 显示，2018 年 GVC 分工位置指数排名前五的行业分别是电力燃气蒸汽和冷气供应业（1.3197）、炼焦及石油加工业（1.2787）、开采服务业（1.2302）、建筑业（1.2281）、卫生和社会工作（1.2252）。

表 2-7　2018 年各行业 GVC 分工位置指数

行业名称	GVC 分工位置指数
农业狩猎业和林业	0.9815
渔业	0.8880
能源产品开采业	1.1748
非能源产品开采业	1.1159
开采服务业	1.2302
食品饮料和烟草制品业	0.8588
纺织皮革和制鞋业	0.8575
木材与木制品业	0.9251
纸制品及印刷业	1.0276
炼焦及石油加工业	1.2787
化学原料及化学制品业	1.0241
医药制造业	0.8381
橡胶及塑料制品业	0.9407
其他非金属矿产制品业	0.9761

续表

行业名称	GVC 分工位置指数
基本金属制造业	0.9836
金属制品业	0.9531
计算机电子和光学设备制造业	0.8863
电气设备制造业	0.8694
其他机械设备业	0.9069
机动车辆拖车和半拖车制造业	0.8653
其他运输设备制造业	0.8798
其他制造业	0.9435
电力燃气蒸汽和冷气供应业	1.3197
供水与污水管理业	1.2242
建筑业	1.2281
批发零售贸易与机动车及个人家庭用品修理业	1.0084
陆路和管道运输业	1.0291
水上运输业	1.0179
航空运输业	0.9493
仓储和运输服务业	1.0421
邮政业	1.1139
住宿和餐饮业	1.1962
出版视听和广播业	1.0096
电信业	1.1323
信息技术服务业	1.0754
金融和保险业	1.1741
房地产业	1.1361
专业科学和技术服务业	1.0794
行政服务业	1.0891
公共管理、国防与社会保障业	1.1932
教育	1.1869
卫生和社会工作	1.2252
其他团体社会和个人服务活动	1.0627
其他服务业	1.2204

资料来源：笔者根据 UIBE GVC Index 实验室的数据整理而得。

第二节　逆全球化的演变趋势

一　总体层面逆全球化的演变趋势

（一）总体层面逆全球化的测度

我们以苏黎世理工学院经济研究所发布的 KOF 全球化指数中的经济全球化指数、贸易全球化指数与金融全球化指数反映全球化程度，经济全球化指数、贸易全球化指数与金融全球化指数上升则表明全球化程度提高。苏黎世理工学院经济研究所从经济、社会与政治三大方面，贸易、金融、人际、信息、文化、政治活动六方面对全球化进行了细致的界定，其构建的 KOF 全球化指数得到 IMF 等国际组织以及广大研究者的应用和认可。苏黎世理工学院经济研究所在刻画各个方面的全球化时，又将全球化划分为事实全球化与法律全球化两个维度，其全球化指数的指标构成如表 2-8 所示。

表 2-8　KOF 全球化指数构成

一级指标	二级指标	三级指标		指标构成
全球化	经济全球化	贸易全球化	事实维度	商品进出口占 GDP 的比重 服务进出口占 GDP 的比重 进出口商品的平均市场集中度（取倒数）
			法律维度	非关税贸易壁垒与进出口成本 国际贸易税收占总税收收入的比重（取倒数） 未加权的关税税率 FTA 的数量
		金融全球化	事实维度	FDI 资产和负债存量之和占 GDP 的比重 国际股权投资的资产和负债存量之和占 GDP 的比重 国际银行存贷款的流入和流出存量之和与国际证券投资的流入和流出存量之和占 GDP 的比重 外汇（不包括黄金）、特别提款权持有量和国际货币基金组织储备头寸占 GDP 的比重 外籍人士和海外人士的资本和劳动收入占 GDP 的比重

续表

一级指标	二级指标	三级指标		指标构成
全球化	经济全球化	金融全球化	法律维度	对国际资本的管制程度 资本账户开放程度 双边投资协议（BITs）和有投资条款的条约（TIPs）的数量
	社会全球化	人际全球化	事实维度	人均国际固定电话和移动电话通话分钟数 国际游客的到达和出发人次占总人口的比重 高等教育学生的入境和出境人数占总人口的比重 境外出生的人口占总人口的比重 人均国际汇款数量
			法律维度	人均移动电话和固定电话的拥有量 出境自由程度 国际机场数量占总人口的比重
		信息全球化	事实维度	国际互联网带宽的总使用容量占总人口的比重 非居民通过专利合作条约程序向国家（地区）专利局提交专利申请数量与总人口的比值 高研发强度产品的出口金额和总人口的比值
			法律维度	拥有电视机的家庭占比 使用互联网的人口占比 媒体的法律环境、影响报道的政治压力以及影响获取新闻等信息的经济因素
		文化全球化	事实维度	文化商品进出口额占 GDP 的比重 文化服务进出口额占 GDP 的比重 非居民向国家（地区）知识产权局申请注册商标的数量占所有申请的比重 麦当劳餐厅的数量和总人口的比值 宜家门店数量和总人口的比值
			法律维度	公立和私立学校初等教育入学的男女比例 人力资本 人权（信仰自由、言论自由、结社自由等）
	政治全球化	政治全球化	事实维度	本国（地区）设立的大使馆的数量 为联合国安理会特派团作出贡献的人员数量占总人口的比重 在本国（地区）开展业务的面向国际的非政府组织（NGO）的数量
			法律维度	本国（地区）加入的国际政府组织的数量 1945 年以来和他国（地区）签订的国际条约的数量 双边投资条约伙伴国（地区）数量

资料来源：笔者根据苏黎世理工学院经济研究所构建的 KOF 全球化指数整理而成。

考虑到本书的研究主题是逆全球化，因此参考陈启斐等（2019）的思路，对三个全球化指数取对数后再取倒数，构造逆全球化指数，以反映各国（地区）的逆全球化程度。具体公式如下：

$$anti1 = \frac{1}{\ln(kofec)} \qquad\qquad (2-10)$$

$$anti2 = \frac{1}{\ln(koftr)} \qquad\qquad (2-11)$$

$$anti3 = \frac{1}{\ln(koffi)} \qquad\qquad (2-12)$$

其中，$anti1$、$anti2$ 和 $anti3$ 分别表示经济逆全球化指数、贸易逆全球化指数与金融逆全球化指数。

（二）总体层面逆全球化演变的特征事实

1. 总体趋势

图 2-1 展示了 2000～2021 年经济、贸易与金融逆全球化指数的演变趋势。可以看到，2000～2021 年世界经济的全球化进程有明显的阶段性特征，在 2000～2007 年经济全球化进展迅速，表现为经济逆全球化指数、贸易逆全球化指数与金融逆全球化指数分别由 2000 年的 0.2517、0.2533 和 0.2503，大幅度下降至 2007 年的 0.2467、0.2483 和 0.2452，8 年间经济逆全球化指数、贸易逆全球化指数与金融逆全球化指数分别下降 1.99%、1.97% 和 2.04%。但是在 2008 年国际金融危机以后逆全球化的思潮涌动，经济全球化的发展遇到巨大障碍，一方面，2007～2021 年经济逆全球化指数与金融逆全球化指数仅仅下降 0.17% 和 0.51%，并且在某些年份经济逆全球化指数与金融逆全球化指数出现上升的现象；另一方面，2007～2021 年贸易逆全球化指数上升了 0.02%。总而言之，图 2-1 表明，2008 年爆发的国际金融危机是全球化的一个转折点，金融危机以后逆全球化浪潮兴起。

根据表 2-1 与图 2-1 可知，随着全球价值链分工的深化，逆全球化趋势也愈加明显。这可能与全球价值链分工所引致的贸易失衡有关。一方面，各国（地区）深度融入全球价值链分工使得本国（地区）的消费或生

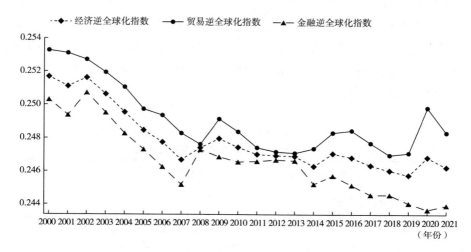

图 2-1 2000~2021 年经济、贸易与金融逆全球化指数的演变趋势
资料来源：笔者根据苏黎世理工学院经济研究所构建的 KOF 全球化指数计算而得。

产对境外增加值的依赖度较高，即本国（地区）需要进口大量中间品或最终产品，这必然造成本国（地区）贸易的失衡。比如，王孝松和田思远（2020）发现，行业生产中境外增加值率的提高加剧了行业的贸易失衡。另一方面，贸易失衡是实施贸易保护的重要动因。比如，美国特朗普以中美贸易失衡为由悍然发动对华贸易战。高运胜等（2021）也发现，增加值贸易视角下的贸易失衡会催生"逆全球化"政策。

2. 国家（地区）差异

既然金融危机以后逆全球化浪潮兴起，那么这一逆全球化浪潮是由哪些国家（地区）发起的？为此，我们从国家（地区）层面去分析逆全球化的演变特征。表 2-9 报告了 2000~2021 年各类型国家（地区）经济逆全球化指数、贸易逆全球化指数与金融逆全球化指数的演变趋势。可以看出，第一，不同类型国家（地区）的经济逆全球化指数、贸易逆全球化指数与金融逆全球化指数存在一定差异，收入水平越高的国家（地区），其经济逆全球化指数、贸易逆全球化指数与金融逆全球化指数越低，说明高收入国家（地区）的经济全球化程度也较高。第二，在金融危机之前，中等收入国家（地区）是推动经济全球化的主力，表现为 2000~2007 年中等收入国家（地区）的经济逆全球化指数和金融逆全球化指数的下降幅度要远远高于低收入国家（地区）和高收入国家（地区）。第三，在金融危机以后，中等收入国家（地区）的逆全球化态势明显，表现为 2007~2021 年中等收入国家（地区）的经济逆全球化指数和贸易逆全球化指数出现上升的态势，并且其金融逆全球化指数的下降幅度小于低收入国家（地区）和高收入国家（地区）。

表 2-9　2000~2021 年各类型国家（地区）经济、贸易
与金融逆全球化指数的演变趋势

年份	经济逆全球化指数			贸易逆全球化指数			金融逆全球化指数		
	低收入国家（地区）	中等收入国家（地区）	高收入国家（地区）	低收入国家（地区）	中等收入国家（地区）	高收入国家（地区）	低收入国家（地区）	中等收入国家（地区）	高收入国家（地区）
2000	0.2841	0.2596	0.2380	0.2907	0.2628	0.2400	0.2807	0.2601	0.2375
2001	0.2838	0.2587	0.2375	0.2903	0.2622	0.2405	0.2808	0.2587	0.2360
2002	0.2835	0.2583	0.2385	0.2897	0.2611	0.2406	0.2809	0.2586	0.2376
2003	0.2829	0.2571	0.2375	0.2892	0.2599	0.2401	0.2797	0.2576	0.2361
2004	0.2820	0.2564	0.2361	0.2884	0.2595	0.2388	0.2791	0.2566	0.2347
2005	0.2802	0.2550	0.2354	0.2839	0.2575	0.2381	0.2787	0.2555	0.2337
2006	0.2797	0.2542	0.2346	0.2811	0.2564	0.2382	0.2807	0.2544	0.2321
2007	0.2784	0.2530	0.2338	0.2801	0.2551	0.2375	0.2785	0.2531	0.2312
2008	0.2787	0.2543	0.2344	0.2775	0.2544	0.2371	0.2818	0.2561	0.2326
2009	0.2801	0.2549	0.2348	0.2814	0.2563	0.2384	0.2810	0.2553	0.2323
2010	0.2765	0.2543	0.2346	0.2767	0.2554	0.2378	0.2782	0.2548	0.2325
2011	0.2738	0.2539	0.2344	0.2735	0.2542	0.2372	0.2762	0.2550	0.2324
2012	0.2741	0.2539	0.2342	0.2743	0.2539	0.2368	0.2764	0.2554	0.2325
2013	0.2727	0.2541	0.2343	0.2735	0.2537	0.2369	0.2742	0.2560	0.2326
2014	0.2726	0.2540	0.2334	0.2743	0.2552	0.2363	0.2731	0.2542	0.2315
2015	0.2757	0.2549	0.2338	0.2788	0.2564	0.2369	0.2750	0.2549	0.2318
2016	0.2757	0.2546	0.2337	0.2817	0.2565	0.2371	0.2732	0.2540	0.2313
2017	0.2751	0.2536	0.2336	0.2802	0.2552	0.2370	0.2718	0.2532	0.2314
2018	0.2734	0.2532	0.2333	0.2767	0.2542	0.2365	0.2714	0.2536	0.2312
2019	0.2742	0.2526	0.2332	0.2787	0.2540	0.2365	0.2714	0.2524	0.2309

续表

年份	经济逆全球化指数			贸易逆全球化指数			金融逆全球化指数		
	低收入国家（地区）	中等收入国家（地区）	高收入国家（地区）	低收入国家（地区）	中等收入国家（地区）	高收入国家（地区）	低收入国家（地区）	中等收入国家（地区）	高收入国家（地区）
2020	0.2751	0.2544	0.2338	0.2816	0.2583	0.2383	0.2710	0.2520	0.2307
2021	0.2747	0.2536	0.2334	0.2811	0.2557	0.2374	0.2709	0.2527	0.2307
2000~2007年的变动幅度（%）	−2.0063	−2.5424	−1.7647	−3.6464	−2.9300	−1.0417	−0.7838	−2.6913	−2.6526
2007~2021年的变动幅度（%）	−1.3290	0.2372	−0.1711	0.3570	0.2352	−0.0421	−2.7289	−0.1580	−0.2163

资料来源：笔者根据苏黎世理工学院经济研究所构建的 KOF 全球化指数计算而成。

　　从具体国家（地区）来看，表 2-10 显示，2007~2021 年经济逆全球化指数变动幅度排在前十位的国家（地区）是卢旺达、尼日尔、几内亚、科摩罗、苏里南、布基纳法索、阿尔巴尼亚、苏丹、日本、叙利亚；2007~2021 年经济逆全球化指数变动幅度排在后十位的国家（地区）是委内瑞拉、坦桑尼亚、也门、埃及、斯里兰卡、巴基斯坦、阿尔及利亚、印度尼西亚、所罗门、刚果共和国。2007~2021 年贸易逆全球化指数变动幅度排在前十位的国家（地区）是科摩罗、塞拉利昂、几内亚、利比亚、莫桑比克、巴拉圭、苏丹、叙利亚、墨西哥、吉布提；2007~2021 年贸易逆全球化指数变动幅度排在后十位的国家（地区）是也门、坦桑尼亚、几内亚比绍、埃及、圣多美和普林西比、斯威士兰、斯里兰卡、阿鲁巴、津巴布韦、阿尔及利亚。2007~2021 年金融逆全球化指数变动幅度排在前十位的国家（地区）是卢旺达、尼日尔、苏里南、几内亚、布基纳法索、阿尔巴尼亚、密克罗尼西亚联邦、几内亚比绍、乌兹别克斯坦、白俄罗斯；2007~2021 年金融逆全球化指数变动幅度排在后十位的国家（地区）是委内瑞拉、巴基斯坦、斯里兰卡、埃及、波黑、博茨瓦纳、所罗门群岛、印度尼西亚、刚果共和国、冰岛。结合表 2-9 和表 2-10 可以看出，尽管总体上金融危机以后中等收入国家（地区）的逆全球化态势更明显，但是部分低收入国家（地区）逆全球化态势也非常严重。

表 2-10　2007~2021 年经济、贸易与金融逆全球化指数变动
幅度排名前十位和后十位的国家（地区）

单位：%

经济逆全球化指数变动幅度		贸易逆全球化指数变动幅度		金融逆全球化指数变动幅度	
排名前十位的国家（地区）	排名后十位的国家（地区）	排名前十位的国家（地区）	排名后十位的国家（地区）	排名前十位的国家（地区）	排名后十位的国家（地区）
卢旺达 [12.6372]	委内瑞拉 [-10.5983]	科摩罗 [19.9727]	也门 [-16.1188]	卢旺达 [20.1373]	委内瑞拉 [-13.4239]
尼日尔 [12.3576]	坦桑尼亚 [-9.4314]	塞拉利昂 [9.9488]	坦桑尼亚 [-14.0601]	尼日尔 [17.5119]	巴基斯坦 [-9.6687]
几内亚 [12.1440]	也门 [-9.3046]	几内亚 [9.2683]	几内亚比绍 [-11.6311]	苏里南 [17.4286]	斯里兰卡 [-9.3887]
科摩罗 [9.6197]	埃及 [-9.2450]	利比亚 [8.9810]	埃及 [-11.0646]	几内亚 [13.8531]	埃及 [-7.6736]
苏里南 [8.5454]	斯里兰卡 [-8.8606]	莫桑比克 [8.1042]	圣多美和普林西比 [-10.0002]	布基纳法索 [9.6319]	波黑 [-7.1747]
布基纳法索 [6.9444]	巴基斯坦 [-6.7285]	巴拉圭 [7.7356]	斯威士兰 [-8.4468]	阿尔巴尼亚 [9.2729]	博茨瓦纳 [-7.0021]
阿尔巴尼亚 [5.8960]	阿尔及利亚 [-6.4710]	苏丹 [7.5680]	斯里兰卡 [-8.3277]	密克罗尼西亚联邦 [8.7190]	所罗门群岛 [-5.9977]
苏丹 [5.3735]	印度尼西亚 [-6.2240]	叙利亚 [6.7523]	阿鲁巴 [-8.2595]	几内亚比绍 [8.5681]	印度尼西亚 [-5.5927]
日本 [5.1955]	所罗门 [-6.0504]	墨西哥 [6.5507]	津巴布韦 [-8.2269]	乌兹别克斯坦 [8.5388]	刚果共和国 [-5.2847]
叙利亚 [4.9680]	刚果共和国 [-6.0322]	吉布提 [6.0197]	阿尔及利亚 [-7.6490]	白俄罗斯 [8.2483]	冰岛 [-5.1791]

注：［］内为相应国家（地区）2007~2021 年经济、贸易与金融全球化指数变动幅度。

资料来源：笔者根据苏黎世理工学院经济研究所构建的 KOF 全球化指数计算而成。

二　典型事实层面逆全球化的演变趋势①

（一）全球贸易保护的发展趋势

1. 贸易保护措施的界定

我们使用的贸易保护措施的数据来自全球贸易预警数据库（GTA），该数据库记录了自 2008 年 11 月以来各个国家（地区）采取的会影响其他国家（地区）商业利益的措施概况，其内容包括各项措施的实施国家（地区）、类型、涉及的产品、被影响的国家（地区）、实施时间、持续时间及影响程度。全球贸易预警数据库（GTA）中的每项壁垒根据其影响程度被划分为红、黄、绿三种颜色，其中红色表示该措施已经实施并且歧视他国（地区）商业利益，黄色表示该措施已经实施并且可能歧视他国（地区）商业利益或者措施在酝酿中，如果实施将歧视他国（地区）商业利益；绿色表示该措施不会歧视甚至会增进他国（地区）的商业利益。借鉴王小梅等（2014）、彭冬冬和罗明津（2018）的做法，将红色措施与黄色措施界定为贸易保护措施。贸易保护措施大致可以分为出口鼓励型措施和进口限制型措施两大类，由于我们的研究主题是一国（地区）实施的进口限制措施所产生的波及效应，因此书中所提到的贸易保护措施是指针对某些商品实施的进口限制型贸易保护措施。

2. 总体趋势

图 2-2 报告了 2009~2023 年各国（地区）发起的贸易保护措施数量。很容易看出，各国（地区）发起的贸易保护措施数量呈现周期性波动趋势。图 2-2 显示，2009~2011 年各国（地区）发起的贸易保护措施数量呈下降的趋势，可能是因为金融危机期间各国（地区）为了刺激本国（地区）经济发展实施了更多的贸易保护措施，随着金融危机消退，各国（地区）发起的贸易保护措施数量开始减少；2012 年，各国（地区）发起的贸易保护措施数量又急剧上升；2013~2017 年各国（地区）发起的贸易保

---

① 逆全球化的表现形式有很多，比如贸易保护主义兴起、民粹主义抬头、地区主义增强、政治和外交政策转向等，限于数据的可得性，本部分从贸易保护和以中美贸易摩擦、英国脱欧等为代表的重要事件两个方面梳理逆全球化的典型事实。

护措施数量逐步下降，可能与 2012 年欧洲债务危机进一步扩散，造成全球经济低速增长有关，在 2013 年全球经济逐步复苏①；2018 年各国（地区）发起的贸易保护措施数量急剧上升，这可能与以美国为首的部分国家（地区）高举贸易保护主义的旗帜有关；新冠疫情发生之后，贸易保护势头愈演愈烈，因此在 2020~2022 年各国（地区）发起的贸易保护措施数量又迅速增长。

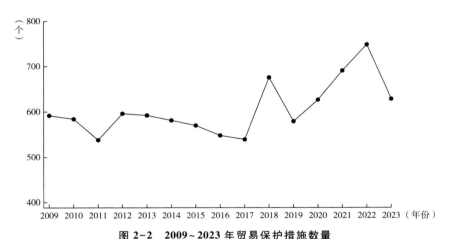

图 2-2 2009~2023 年贸易保护措施数量
资料来源：笔者根据全球贸易预警数据库（GTA）绘制而成。

3. 产品差异

在产品层面，每个产品被实施贸易保护措施的频次存在较大的差异。表 2-11 报告了 2020~2023 年被实施贸易保护措施最多的五类产品。其显示，2020 年被实施贸易保护措施最多的五类产品是钢铁制品（137）、食品（99）、有机化学品（95）、交通工具和零件（93）、其他金属制品（92）；2021 年被实施贸易保护措施最多的五类产品是钢铁制品（304）、其他金属制品（285）、基础钢材（231）、交通工具和零件（72）、有机化学品（71）；2022 年被实施贸易保护措施最多的五类产品是钢铁制品（224）、其他金属制品（221）、基础钢材（165）、交通工具和零件（79）、化学产品（55）；2023 年被实施贸易保护措施最多的五类产品是其他金属制品

---

① 世界银行的数据显示，2011~2017 年全球经济的增速分别为 3.34%、2.67%、2.84%、3.12%、3.17%、2.82% 和 3.46%。

（147）、钢铁制品（138）、基础钢材（103）、交通工具和零件（59）、其他
通用机械及零件（53）。很容易发现，基础钢材、钢铁制品和其他金属制品
是被实施贸易保护措施频次最高的三类产品。这是因为，金融危机后一些国
家（地区）经济增速缓慢，全球经济增长缺乏动力，造成基础建设和钢铁
消费呈下降趋势而钢铁产品处于过剩状态。因此，这些国家（地区）选择
使用贸易保护措施来维护本国（地区）利益以期促进本国（地区）钢铁业
发展。以中国为例，兰格钢铁研究中心监测数据显示，2024 年，中国钢铁
出口产品遭遇来自 18 个国家（地区）发起的 39 起贸易救济调查。

表 2-11 2020~2023 年被实施贸易保护措施最多的五类产品

单位：个

年份	排序	产品	数量
2020	1	钢铁制品	137
	2	食品	99
	3	有机化学品	95
	4	交通工具和零件	93
	5	其他金属制品	92
2021	1	钢铁制品	304
	2	其他金属制品	285
	3	基础钢材	231
	4	交通工具和零件	72
	5	有机化学品	71
2022	1	钢铁制品	224
	2	其他金属制品	221
	3	基础钢材	165
	4	交通工具和零件	79
	5	化学产品	55
2023	1	其他金属制品	147
	2	钢铁制品	138
	3	基础钢材	103
	4	交通工具和零件	59
	5	其他通用机械及零件	53

资料来源：笔者根据全球贸易预警数据库（GTA）计算而成。

4. 国家（地区）差异

在国家（地区）层面，一方面，每个国家（地区）发起贸易保护措施的频次存在较大的差异。表 2-12 报告了 2009~2023 年累计发起贸易保护措施数量排名前 30 的国家（地区）。可以看出，2009~2023 年累计发起贸易保护措施数量排名前十的国家（地区）有美国（1992）、印度（945）、巴西（553）、阿根廷（545）、土耳其（429）、德国（425）、意大利（414）、法国（404）、西班牙（397）和荷兰（384）。2009~2023 年中国累计发起贸易保护措施 257 个，在全球排名第 28。根据表 2-12 可以看出两方面的特征：其一，美国是 2009~2023 年累计发起贸易保护措施数量最多的国家（地区），其发起的贸易保护措施数量是排在第二名印度的两倍还多；其二，发起贸易保护措施的国家（地区）具有普遍性，不仅美国、德国、意大利、法国、英国等发达国家（地区）倾向于发起更多的贸易保护措施，印度、巴西、阿根廷、土耳其、俄罗斯等发展中国家（地区）也倾向于发起更多的贸易保护措施。

表 2-12 2009~2023 年累计发起贸易保护措施数量排名前 30 的国家（地区）

单位：个

排名	国家（地区）	数量	排名	国家（地区）	数量
1	美国	1992	16	希腊	369
2	印度	945	17	奥地利	322
3	巴西	553	18	瑞典	314
4	阿根廷	545	19	罗马尼亚	311
5	土耳其	429	20	葡萄牙	307
6	德国	425	21	俄罗斯	304
7	意大利	414	22	芬兰	302
8	法国	404	23	爱尔兰	300
9	西班牙	397	24	保加利亚	291
10	荷兰	384	25	斯洛伐克	283
11	比利时	380	26	巴基斯坦	279
12	波兰	379	27	匈牙利	266
13	英国	379	28	中国	257
14	捷克	375	29	斯洛文尼亚	256
15	丹麦	371	30	立陶宛	254

资料来源：笔者根据全球贸易预警数据库（GTA）计算而成。

　　另一方面，每个国家（地区）遭遇贸易保护的频率存在较大的差异。表2-13报告了2009~2023年累计遭遇贸易保护措施数量排名前30的国家（地区）。可以看出，2009~2023年累计遭遇贸易保护措施数量排名前十的国家（地区）有中国（5396）、德国（3489）、韩国（3326）、泰国（3224）、意大利（3174）、法国（3140）、英国（3111）、印度（3086）、日本（3049）和马来西亚（2910）。根据表2-13可以看出两方面的特征：其一，中国是2009~2023年累计遭遇贸易保护措施数量最多的国家，其遭遇的贸易保护措施数量是排在第二名德国的1.5倍左右；其二，遭遇贸易保护措施的国家（地区）也具有普遍性，不仅德国、韩国、意大利、法国、英国、日本等发达国家（地区）会遭遇较多的贸易保护措施，中国、泰国、印度、马来西亚等发展中国家（地区）也会遭遇较多的贸易保护措施。

表2-13　2009~2023年累计遭遇贸易保护措施数量排名前30的国家（地区）

单位：个

排名	国家（地区）	数量	排名	国家（地区）	数量
1	中国	5396	16	比利时	2658
2	德国	3489	17	巴西	2648
3	韩国	3326	18	墨西哥	2623
4	泰国	3224	19	新加坡	2592
5	意大利	3174	20	中国台湾	2543
6	法国	3140	21	越南	2519
7	英国	3111	22	波兰	2497
8	印度	3086	23	瑞典	2480
9	日本	3049	24	土耳其	2453
10	马来西亚	2910	25	瑞士	2421
11	西班牙	2909	26	奥地利	2299
12	荷兰	2782	27	南非	2298
13	加拿大	2770	28	中国香港	2285
14	印度尼西亚	2737	29	阿联酋	2225
15	美国	2706	30	澳大利亚	2222

资料来源：笔者根据全球贸易预警数据库（GTA）计算而成。

5. 措施类型差异

当前全球贸易保护主义一个重要的发展趋势是贸易保护措施隐蔽且多样（唐宜红，2017）。我们将全球贸易预警数据库（GTA）中各类贸易保护措施划分为贸易救济措施、非关税措施、本地化措施、政府采购措施、关税措施等五大类[①]。在措施类型层面，各类贸易保护措施被使用的频次存在较大的差别。图 2-3 展示了 2009~2023 年各类贸易保护措施累计发起数量。2009~2023 年五大类贸易保护措施的累计发起数量分别为：关税措施 3772 个、贸易救济措施 2486 个、政府采购措施 1241 个、非关税措施 1074 个、本地化措施 512 个。很显然，关税措施是各国（地区）最为常用贸易保护措施，其次是贸易救济措施，2009~2023 年关税措施和贸易救济措施累计发起数量占所有措施数量的比重高达 68.89%。进一步整理发现，2009~2023 年关税措施累计发起数量排在前五位的国家（地区）是印度（445）、阿根廷（327）、巴西（271）、美国（228）和法国（141），贸易救济措施累计发起数量排在前五位的国家（地区）是美国（509）、印度（263）、土耳其（156）、德国（151）和意大利（144）。很明显，相对于发达国家（地区），发展中国家（地区）更倾向使用关税措施，而贸易救济措施的使用具有普遍性。

表 2-14 报告了 2009~2023 年各类贸易保护措施发起数量占比。可以看出，2009~2023 年各类贸易保护措施发起数量占比正在出现一些变化：第一，贸易救济措施、关税措施发起数量占比呈下降趋势，从 2009 年的 41.55%、38.34% 下降至 2023 年的 10.81%、35.29%；第二，非关税措施、本地化措施和政府采购措施发起数量占比呈上升的态势，分别从 2009 年的 8.95%、2.36%、8.78% 上升至 2023 年的 21.94%、7.47%、24.48%，这提示我们贸易保护措施的隐蔽性正在逐渐变强。

---

① 贸易救济措施包括反倾销、反补贴与保障措施；非关税措施包括卫生动植物检验检疫、技术贸易壁垒、进口配额、进口许可、进口关税配额和进口禁令；本地化措施包括本地成分激励、本地成分要求、本地劳动力激励、本地劳动力要求、本地运营激励、本地增值激励和贸易平衡措施；政府采购措施包括市场准入限制、政府采购境内价格优惠、政府采购本地含量要求和政府采购招标程序；关税措施就是直接提高进口关税。

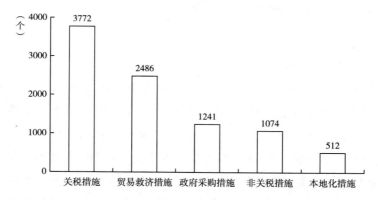

图2-3 2009~2023年各类贸易保护措施累计发起数量

资料来源：笔者根据全球贸易预警数据库（GTA）绘制而成。

表2-14 2009~2023年各类贸易保护措施发起数量占比

单位：%

年份	贸易救济措施	非关税措施	本地化措施	政府采购措施	关税措施
2009	41.55	8.95	2.36	8.78	38.34
2010	32.88	7.53	11.30	7.02	41.27
2011	39.22	9.67	1.86	8.36	40.89
2012	34.73	10.40	1.85	9.23	43.79
2013	34.97	10.64	2.36	7.60	44.43
2014	32.36	10.33	1.72	12.05	43.55
2015	28.42	9.65	5.26	8.95	47.72
2016	31.81	9.32	3.29	10.97	44.61
2017	29.50	12.06	4.64	5.57	48.24
2018	22.37	10.52	3.11	17.93	46.07
2019	25.04	8.12	5.01	18.13	43.70
2020	19.97	17.89	9.90	13.58	38.66
2021	23.91	10.72	9.13	20.58	35.65
2022	11.51	17.00	12.32	24.77	34.40
2023	10.81	21.94	7.47	24.48	35.29

资料来源：笔者根据全球贸易预警数据库（GTA）计算而成。

(二) 逆全球化的标志性事件

1. 中美贸易摩擦

(1) 中美贸易摩擦的过程

2017 年 4 月，美国贸易代表办公室对自中国进口的钢铁、铝展开调查，拉开中美贸易摩擦帷幕。2018～2019 年，美方陆续宣布对价值 340 亿美元、160 亿美元、2000 亿美元、3000 亿美元的中国商品加征关税，中国随即进行反击，中方陆续宣布对价值 340 亿美元、160 亿美元、600 亿美元、750 亿美元的美国商品加征关税 (见表 2-15)，中美贸易摩擦实质性发生并不断升温加剧。面对美国发起的贸易争端，中方不仅及时采取反制措施，同时还积极与美方磋商以缩小分歧，解决问题，扩大共同利益，共同维护全球经济稳定和发展。经过中国的努力沟通，2020 年 1 月《中华人民共和国政府和美利坚合众国政府经济贸易协议》正式签署，至此中美贸易摩擦暂时缓解。表 2-15 展示了中美四轮互加关税的情况。

表 2-15　中美四轮互加关税的情况

加征批次	美国对中国加征关税			中国对美国加征关税		
	商品价值	加征时间	加征税率	商品价值	加征时间	加征税率
第一批	340 亿美元	2018-07-06	25%	340 亿美元	2018-07-06	25%
		2019-10-15	暂停上调至 30%，维持 25%			
第二批	160 亿美元	2018-08-23	25%	160 亿美元	2018-08-23	25%
		2019-10-15	暂停上调至 30%，维持 25%			
第三批	2000 亿美元	2018-09-24	10%	600 亿美元	2018-09-24	5% 和 10%
		2019-05-10	25%			
		2019-10-15	暂停上调至 30%，维持 25%		2019-06-01	上调至 10% 和 25%

续表

加征批次	美国对中国加征关税			中国对美国加征关税			
	商品价值	加征时间	加征税率	商品价值		加征时间	加征税率
第四批	3000亿美元	清单A 1200亿美元	2019-09-01	15%	750亿美元	清单一	2019-09-01	5%和10%
			2020-02-14	降至7.5%			2020-02-14	降至2.5%和5%
		清单B 1800亿美元	2019-12-15	暂停加征		清单二	2019-12-15	暂停加征

资料来源：笔者整理而成。

（2）中美贸易摩擦的原因

中美贸易摩擦的直接原因是中美贸易失衡，即美国对中国存在巨大商品贸易逆差（见表2-16）。美国以贸易失衡为由挑起贸易摩擦，特朗普政府认为，中国企业通过不公平措施向美国出口太多，较高的贸易壁垒使得中国从美国进口太少以及美中贸易存在巨大逆差，中国在中美贸易中获得巨大利益，而美国在中美贸易中受损等。正如上一章中我们发现的，贸易失衡会引致更多的贸易保护。事实上，中美贸易失衡是全球价值链分工、美国对华高新技术出口限制、美国过度消费模式、美元特权等深层次原因导致的，贸易摩擦无法解决中美贸易失衡的问题。其一，全球价值链分工导致"出口在中国，附加值在欧美；顺差在中国，利益在欧美"，传统核算体系严重高估中美贸易顺差。其二，美国内部低储蓄高消费，必然导致外部巨额贸易逆差。其三，美国限制对华高科技出口，该领域逆差占对华逆差的比重接近40%，但美国对其他国家（地区）高科技出口为顺差。其四，美元的国际储备货币地位赋予了美国一种特权，即可以无节制地依靠印美元、发美债的方式获取其他国家（地区）的商品，这必然导致贸易项下巨额逆差和资本金融项下巨额顺差。其五，中美巨大的劳动力成本差异，决定了中国在中低端制造方面的比较优势，但美国却封锁了对中国高技术产品的出口。其六，外资企业贡献中国货物贸易顺差的57%，美资企业其实是重要受益者。

表 2-16 2012~2023 年中美商品贸易概况

单位：亿美元

年份	中国对美国的出口额	中国从美国的进口额	中美贸易差额
2012	3517.768	1328.975	2188.793
2013	3684.064	1523.423	2160.641
2014	3960.626	1590.610	2370.016
2015	4092.139	1478.091	2614.048
2016	3852.710	1344.451	2508.259
2017	4297.304	1539.455	2757.849
2018	4783.958	1551.232	3232.726
2019	4186.641	1228.962	2957.679
2020	4517.290	1352.507	3164.783
2021	5760.752	1797.008	3963.744
2022	5775.174	1769.345	4005.829
2023	5002.912	1641.604	3361.308

资料来源：笔者根据中国国家统计局与中国海关统计数据汇总而成。

既然贸易摩擦无法逆转中美贸易失衡的问题，就说明中美贸易失衡只是美国挑起贸易摩擦的借口，美国挑起中美贸易摩擦有着更深层次的原因。一是利益敲诈。美国妄图通过贸易摩擦，迫使贸易伙伴开放市场、让渡经济利益，这是美国的惯用伎俩，以往曾经对多个国家（地区）使用过。尽管美国从中美双边合作中取得了巨大经济利益，但美国政界一些人却以零和博弈观点看待双边经贸合作，把境内收入差距扩大等内部问题归咎于"中国抢夺了就业机会"。二是战略遏制。随着中国经济快速发展和综合国力上升，美国对华认知与情绪全面转向。2018 年版美国国防战略报告中，把中国定义为美国长期的"战略竞争对手"。因此，发起贸易摩擦不仅是美国获取更多经济利益的手段，也是美国遏制中国发展的重要手段。美国加征关税的 500 亿美元中国出口产品，主要针对的是高科技领域，反映了美国遏制中国技术追赶的意图。

2. 英国脱欧

（1）英国脱欧的过程

2015 年英国议会选举时，为了赢得摇摆选民的支持，保守党和首相卡梅伦给了民众投票选择是否留在欧盟的选择权。2016 年 6 月 24 日，英国脱欧公投结果公布，脱欧阵营以 52% 的得票率获胜。自 2016 年 6 月公投决定脱欧起，英国的脱欧进程一直波折不断（见表 2-17）。直到 2020 年 12 月 24 日，经过多轮激烈谈判，欧盟与英国就包括贸易在内的一系列合作关系达成协议，为英国按照原计划在 2020 年结束脱欧过渡期扫清障碍。这份协议对欧英商品和服务贸易、英国海域的捕捞权分配以及双方在交通、能源、司法等领域的合作作出安排。

表 2-17　英国脱欧事件整理

日　期	事件
2016-06-24	英国脱欧公投结束，脱欧阵营以 52% 的得票率获胜，英国将脱离欧盟
2017-03-29	英国根据《里斯本条约》第五十条正式启动脱欧程序
2017-06-19	英国与欧盟的脱欧谈判正式启动
2017-11-09	英国政府在法案中敲定脱欧时间为格林尼治时间 2019 年 3 月 29 日 23 时，确定脱欧日的法律地位
2017-12-08	英国与欧盟就脱欧三大核心议题达成一致意见，标志着脱欧谈判第一阶段基本结束，即将开启包括贸易协议在内的第二阶段谈判
2018-01-29	欧盟同意在英国脱欧之后给予英国近两年的过渡期，过渡期将持续到 2020 年 12 月 31 日。在此期间，英国可以进入欧盟单一市场，但没有任何决策权
2018-03-19	欧盟与英国就"脱欧过渡期"达成一致，确定为 2019 年 3 月 29 日至 2020 年 12 月 31 日，在此期间英国将不再参与欧盟决策进程，但保留欧盟成员国待遇
2018-07-12	英国公布脱欧政策白皮书，将为脱欧进程提供一个有原则性且有实践性的方向
2018-11-25	欧盟正式通过此前与英国达成的退出协议和"英欧未来关系宣言"两份政治文件，统称脱欧协议
2019-01-15	英国议会下院 15 日以 432 票反对、202 票支持的投票结果否决了脱欧协议
2019-03-12	英国议会下院投票再次否决了英国政府与欧盟达成的脱欧协议
2019-03-13	英国议会下院投票决定，反对英国在任何情况下"无协议脱欧"
2019-03-21	欧盟同意英国提出的推迟脱欧申请，并为脱欧最终期限提供"二选一"时间表：如果英国议会下院能通过脱欧协议，将允许脱欧期限延至 2019 年 5 月 22 日；如果英国议会下院未能通过协议，则英国必须在 2019 年 4 月 12 日前做出新抉择

续表

日期	事件
2019-03-27	英国议会下院 27 日投票表决，正式确认推迟原定于本月 29 日的脱欧。目前脱欧最终期限仍未确定
2019-04-08	英国议会正式通过一项法案，要求再度向欧盟申请推迟脱欧，以防止 4 月 12 日出现英国"无协议脱欧"的局面，法案经女王伊丽莎白二世签署后已正式生效
2019-04-10	欧盟同意将脱欧期限延长至 2019 年 10 月 31 日
2019-10-17	欧盟委员会主席容克表示，欧盟已与英国就新的脱欧方案达成一致
2019-10-28	欧盟委员会同意将英国脱欧时间延长至 2020 年 1 月 31 日
2020-01-23	英国女王伊丽莎白二世签署并批准了英国议会此前通过的脱欧协议相关法案，这标志着协议法案正式生效，成为英国法律
2020-01-30	欧洲议会全会以 621 票支持、49 票反对、13 票弃权的投票结果通过英国脱欧协议
2020-01-31	英国正式脱欧，进入脱欧过渡期。若过渡期内英欧未达成贸易协议，双方贸易自 2021 年起将回到世界贸易组织框架下，重新实施边检和关税等措施
2020-12-24	2020 年 12 月 24 日，经过多轮激烈谈判，欧盟与英国就包括贸易在内的一系列合作关系达成协议，为英国按照原计划在 2020 年结束脱欧过渡期扫清障碍。这份协议对欧英商品和服务贸易、英国海域的捕捞权分配以及双方在交通、能源、司法等领域的合作做出安排

资料来源：笔者整理而成。

（2）英国脱欧的原因

英国脱欧有着深层次的历史、文化等原因。第一，"例外主义"欧洲观是英国脱欧深层次的历史和文化根源，与欧洲大陆国家相比，英国受"例外主义"欧洲观的影响，有更为深刻的疑欧传统。第二，在应对债务危机和难民危机的过程中，欧盟机构获得了对成员国经济政策前所未有的干预权能，日益涉入成员国的政治决策。成员国民主政治与欧盟权能之间的不对称性增加，欧盟民主合法性赤字加剧，是触发英国脱欧进程的重要因素。第三，全球化与欧洲一体化进程中的社会不平等和社会分化，是英国脱欧更为深刻的经济和社会根源。全球化使得劳动力、资本自由流动，在带来经济发展水平整体提高的同时，也加剧了经济和社会不公平。英国留欧和脱欧的选票分布显示，年轻选民多选择留欧，老年选民多选择脱欧；经济发达地区、受教育和专业程度更高的人群选择留欧的比例更高；

不拥有护照、收入较低的群体，选择脱欧的比例较高。支持脱欧的民众倾向于认为英国经济处于停滞状态，移民的进入抢夺了他们的工作机会。

第三节　本章小结

首先，本章基于 UIBE GVC Index 数据库刻画了全球价值链参与度和分工位置的演变特征。就全球价值链参与度而言，研究发现，第一，全球价值链参与度在稳步提高，并且全球价值链参与度的提高主要是由全球价值链复杂参与度的提升引致的。第二，从国家（地区）层面看，各国（地区）GVC 前向参与度和 GVC 后向参与度存在一定差异。一方面，相对于中高收入国家（地区）和中低收入国家（地区），其他高收入国家（地区）GVC 前向参与度更大；另一方面，中高收入国家（地区）和中低收入国家（地区）GVC 前向参与度基本大于其 GVC 后向参与度，而低收入国家（地区）GVC 前向参与度远远小于其 GVC 后向参与度。这两方面说明中高收入国家（地区）和中低收入国家（地区）更多地参与全球价值链的前向分工，低收入国家（地区）更多地参与全球价值链的后向分工。第三，各类行业 GVC 前向参与度和 GVC 后向参与度存在一定差异。在 GVC 前向参与度方面，采掘业的 GVC 前向参与度比较高，从制造业内部看，中技术制造业的前向参与度比较高；从服务业内部看，贸易和运输业的前向参与度比较高。在 GVC 后向参与度方面，从制造业内部看，高技术制造业后向参与度比较高；从服务业内部看，贸易和运输业的后向参与度同样比较高。就全球价值链分工位置而言，研究发现，其一，相对于中等收入国家（地区）和高收入国家（地区），低收入国家（地区）的 GVC 分工位置指数更低，下降更快，即高收入国家（地区）位于 GVC 的上游，而低收入国家（地区）位于 GVC 的下游。其二，从行业大类看，采掘业的 GVC 分工位置指数较高；从制造业内部看，随着制造业技术密集度的提升，其 GVC 分工位置指数趋于下降。

其次，本章从总体和典型事实两个层面刻画了逆全球化的演变趋势。在总体层面，以苏黎世理工学院经济研究所发布的 KOF 全球化指数中的经济全球化指数、贸易全球化指数与金融全球化指数的升降反映逆全球化程度，经济全球化指数、贸易全球化指数与金融全球化指数下降则表明逆全球化程度提高。研究发现，第一，2000～2007 年，经济全球化进展迅速，但是在 2008 年国际金融危机以后逆全球化的思潮涌动，经济全球化的发展遇到巨大障碍。第二，在金融危机之前，中等收入国家（地区）是推动经济全球化的主力。而在金融危机以后，中等收入国家（地区）出现了较为明显的逆全球化态势。第三，尽管近年来中等收入国家（地区）的逆全球化态势更明显，但是以几内亚等为代表的低收入国家（地区）也出现了较为严重的逆全球化趋势。在典型事实方面，我们基于全球贸易预警数据库（GTA）分析了全球贸易保护的发展趋势发现：其一，各国（地区）发起的贸易保护措施数量呈现周期性波动趋势；其二，基础钢材、钢铁制品和其他金属制品是被实施贸易保护措施频次最高的三类产品；其三，发起贸易保护措施的国家（地区）具有普遍性，不仅美国、德国、意大利、法国、英国等发达国家（地区）倾向于发起更多的贸易保护措施，阿根廷、印度、巴西、土耳其、俄罗斯等发展中国家（地区）也倾向于发起更多的贸易保护措施；其四，贸易救济措施和关税措施发起数量的占比呈下降趋势，而非关税措施、本地化措施和政府采购措施发起数量的占比呈上升趋势，贸易保护措施的隐蔽性正在变强。在典型事实层面我们还对中美贸易摩擦以及英国脱欧的过程和原因进行了简单的梳理和分析。

第三章

中间品流动规模机制下逆全球化的波及效应

——以中美贸易摩擦的产出影响效应为例

在垂直专业化分工体系中，产品的生产环节布局于不同的地域，这使得国（地区）内和国（地区）外的中间品更加频繁、更加大规模地流动。而中间品的流动在加强部门之间经济联系的同时，也进一步放大了贸易成本提高的影响效应（Anderson and van Wincoop，2003）。中美贸易摩擦是近年来世界经济出现逆全球化趋势的一个典型表现，中美贸易摩擦下中美两国关税的大幅度变动，造成中美两国之间贸易规模的缩小（Kawasaki，2018；张志明等，2021；谢建国、叶君，2022）。而在垂直专业化分工的体系中，中美两国之间贸易规模的缩小势必又通过抑制国（地区）内和国（地区）外的中间品流动规模，对各个国家（地区）各个部门的生产产生重要影响。因此，中美贸易摩擦的产出影响效应为我们分析中间品流动规模视角下逆全球化的波及效应提供了良好的实例。

目前学术界对于中美贸易摩擦的影响效应已经进行了大量研究[①]。但从已有成果看，有以下两个方面值得补充和深入研究。一是从中间品流动规模的视角深入分析中美贸易摩擦的产出影响效应。有一部分文献注意到中美贸易摩擦可能会对其他国家（地区）的产出等产生正向的影响。会有这一结果，是因为中美贸易摩擦产生的贸易转移效应促进了其他国家（地区）对中国或美国的出口，进而促进了这些国家（地区）产出的增长。然

---

① 相关文献梳理见本书的第一章。

而在全球垂直专业化分工的体系中，中间品跨境流动也意味着中美贸易摩擦产生的贸易破坏效应不利于其他国家（地区）产出的增加。比如，美国对中国的汽车行业加征关税，使得中国对美国汽车出口下降，而中国对美国汽车出口的下降又使得中国汽车行业对韩国计算机行业的需求减少，进而造成韩国计算机行业产出的下降。遗憾的是，现有文献大都忽视了从中间品流动规模的视角深入分析中美贸易摩擦的产出影响效应。二是基于中美贸易摩擦中实际加征关税清单探讨中美贸易摩擦的影响效应。现有量化中美贸易摩擦影响效应的研究多数是假设加征关税的不同情形，没有立足于中美贸易摩擦中实际公布的关税加征清单，在此基础上的分析结果可能存在一定的偏差。鉴于此，本章首先将国家（地区）-行业间的投入产出联系引入传统的贸易模型，从理论上证明贸易成本的变动通过影响中间品流动规模产生跨区域跨行业的产出影响效应；然后基于中美贸易摩擦对模型进行参数校正，就中美贸易摩擦在国家（地区）或行业层面所产生的产出影响效应进行深入的量化分析。

第一节　理论模型

本节基于阿明顿假设构建一个理论模型。所谓阿明顿假设就是在同一国家（地区）生产的产品是完全替代的，而在不同国家（地区）生产的产品是不完全替代的。因此，在一个部门内部，来自不同国家（地区）的商品可以共存于同一个目的地市场，并且它们的价格也可能不同，因为这些商品的价格是由其边际生产成本和与目的地的贸易成本决定的。目的地的消费者（企业）具有种类偏好，对每一种商品他们都会消费一定数量。在本节中，使用上标表示商品的供给方信息，下标表示商品的需求方信息。例如，$X_{USA,\ car}^{CHN,\ steel}$ 表示从中国运往美国的汽车工业中间钢材数量。同时，用 i、j 和 k 表示国家（地区），用 r、s 和 z 表示行业。例如，L_{kz} 表示 k 国（地区）z 行业的劳动力需求。此外，大写符号表示实际数量，而小写符号表示名义数量。

一　基本假设

（一）消费者假设

假设 k 国（地区）消费者的效用函数为：

$$U_k = F_k = \prod_{s=1}^{S} [F_k^s]^{\alpha_k^s} \tag{3-1}$$

在式（3-1）中，F_k^s 表示 k 国（地区）消费者对 s 行业最终产品的需求量，α_k^s 表示 k 国（地区）消费者对 s 行业产品的支出占总支出的比重。假设 k 国（地区）消费者对 s 行业最终产品的需求量可以进一步被表示为：

$$F_k^s = \left[\sum_{i=1}^{N} (F_k^{is})^{\frac{\sigma_k^s-1}{\sigma_k^s}} \right]^{\frac{\sigma_k^s}{\sigma_k^s-1}} \tag{3-2}$$

在式（3-2）中，σ_k^s（$\sigma_k^s > 1$）表示对于 k 国（地区）消费者而言 s 行业最终产品的替代弹性。

（二）生产者假设

假设企业生产过程中使用劳动（L）和中间品（X）两种生产要素，假设 k 国（地区）z 行业的产出公式为：

$$Y^{kz} = (L_{kz})^{1-\beta^{kz}} (X_{kz})^{\beta^{kz}} \tag{3-3}$$

在式（3-3）中，β^{kz} 代表 k 国（地区）z 部门对中间品的支出占其总销售额的比重。进一步假设 k 国（地区）z 行业对各行业中间品投入量的表达式为：

$$X_{kz} = \prod_{s=1}^{S} [X_{kz}^s]^{\gamma_{kz}^s} \tag{3-4}$$

在式（3-4）中，X_{kz}^s 表示 k 国（地区）z 行业对 s 行业中间品的使用量，γ_{kz}^s 表示 k 国（地区）z 行业对 s 行业中间品的支出占 k 国（地区）z 行业对中间品总支出的比重。进一步假设 k 国（地区）z 行业对 s 行业中间品使用量的表达式为：

$$X_{kz}^s = \left[\sum_{i=1}^{N} \left(X_{kz}^{js} \right)^{\frac{\rho_k^s - 1}{\rho_k^s}} \right]^{\frac{\rho_k^s}{\rho_k^s - 1}} \tag{3-5}$$

在式（3-5）中，X_{kz}^{js} 表示 k 国（地区）z 行业对来自 j 国（地区）s 行业中间品的使用量，ρ_k^s 表示对于 k 国（地区）生产者而言 s 行业中间品的替代弹性。为了简便起见，借鉴 Johnson 和 Noguera（2012）的思路，令 $\rho_k^s = \sigma_k^s$，即在 k 国（地区）s 行业最终产品的替代弹性与 s 行业中间品的替代弹性是一样的，这样使得 k 国（地区）s 行业最终产品的价格等于 k 国（地区）s 行业中间品的价格。

（三）效用和利润最大化

令 w_{kz} 表示 k 国（地区）z 行业的工资水平，p^{kz} 表示 k 国（地区）z 行业的产品价格。假设贸易成本是冰山型的，即为了满足 j 国（地区）对来自 k 国（地区）z 行业产品的 1 单位需求，k 国（地区）z 行业需要生产 τ_j^{kz} 单位的产品，$\tau_j^{kz} > 1$。假设在国家内部不存在贸易壁垒，即 $\tau_k^{kz} = 1$。因此，根据一价定律，在 j 国（地区）来自 k 国（地区）z 行业产品的价格为 $p_j^{kz} = \tau_j^{kz} p^{kz}$，即商品的价格由其边际生产成本和与目的地的贸易成本决定。

在模型中，假设劳动力不能进行跨国流动，因此 k 国（地区）消费者的收入来自向 k 国（地区）各行业提供劳动所得，消费者的总支出为 $I_k = \sum_{z=1}^{s} w_{kz} L_{kz}$。根据式（3-2）可得，$k$ 国（地区）s 行业最终品的总体价格水平为 $P_k^s = \left[\sum_{i=1}^{N} \left(p_k^{is} \right)^{1-\sigma_k^s} \right]^{\frac{1}{1-\sigma_k^s}}$。因为 $\rho_k^s = \sigma_k^s$，所以 k 国（地区）生产使用 s 行业中间品的总体价格水平也为 $P_k^s = \left[\sum_{i=1}^{N} \left(p_k^{is} \right)^{1-\sigma_k^s} \right]^{\frac{1}{1-\sigma_k^s}}$。根据式（3-4）可得，$k$ 国（地区）z 行业中间品的总体价格水平为 $PI_{kz} = \prod_{s=1}^{s} \left(\frac{P_k^s}{\gamma_{kz}^s} \right)^{\gamma_{kz}}$。假设市场是完全竞争的，因此产出价格等于边际生产成本，即 $p^{kz} = \left(\frac{w_{kz}}{1-\beta^{kz}} \right)^{1-\beta^{kz}} \left(\frac{PI_{kz}}{\beta^{kz}} \right)^{\beta^{kz}}$。假设对于消费者而言，工资水平（$w_{kz}$）和产品价格（$\tau_j^{kz} p^{kz}$）是外生给定的，因此企业通过选择劳动力投入数量（$L_{kz}$）和各类中间品使用数量（$X_{kz}^{is}$）实现利润最大化，消费者通过选择各类最终产品消费数量（F_k^{is}）实现效用最大化。可知：

$$l_{kz} \equiv w_{kz} L_{kz} = (1 - \beta^{kz}) y^{kz} \qquad (3-6)$$

$$x_{kz} \equiv PI_{kz} X_{kz} = \beta^{kz} y^{kz} \qquad (3-7)$$

$$x_{kz}^s \equiv P_k^s X_{kz}^s = \gamma_{kz}^s \beta^{kz} y^{kz} \qquad (3-8)$$

$$x_{kz}^{is} = p_k^{is} X_{kz}^{is} = \tau_k^{is} p^{is} X_{kz}^{is} = \left(\frac{\tau_k^{is} p^{is}}{p_k^s} \right)^{1-\sigma_k^s} \gamma_{kz}^s \beta^{kz} y^{kz} \qquad (3-9)$$

$$f_k^{is} = p_k^{is} F_k^{is} = \tau_k^{is} p^{is} F_k^{is} = \left(\frac{\tau_k^{is} p^{is}}{p_k^s} \right)^{1-\sigma_k^s} \alpha_{kz}^s \sum_{z=1}^S (1 - \beta^{kz}) y^{kz} \qquad (3-10)$$

（四）市场出清

令 e_j^{kz} 表示 k 国（地区）z 行业向 j 国（地区）的总出口额，即 $e_j^{kz} = f_j^{kz} + \sum_{s=1}^S x_{js}^{kz}$。因此，市场出清的条件可以被表示为：

$$y^{kz} = \sum_{j=1}^N e_j^{kz} \qquad (3-11)$$

下面，借鉴 Anderson 和 van Wincoop（2003）的思路，推导出行业层面中间品和最终产品出口的引力方程。首先，用 y^w 表示全球的名义产出，用 $\theta^{kz} \equiv y^{kz}/y^w$ 表示 k 国（地区）z 行业产出的全球占比。其次，将式（3-9）和式（3-10）代入式（3-11）中，可以得到产出价格水平（p^{is}）。最后，将 p^{is} 代入式（3-9）和式（3-10）便可得到行业层面中间品和最终产品出口的引力方程：

$$x_{js}^{kz} = \frac{y^{kz} \gamma_{js}^z \beta^{js} y^{js}}{y^w} \left(\frac{\tau_j^{kz}}{\Pi^{kz} P_j^z} \right)^{1-\sigma_j^z} \qquad (3-12)$$

$$f_j^{kz} = \frac{y^{kz} \alpha_j^z \sum_{s=1}^S (1 - \beta^{is}) y^{js}}{y^w} \left(\frac{\tau_j^{kz}}{\Pi^{kz} P_j^z} \right)^{1-\sigma_j^z} \qquad (3-13)$$

在式（3-12）和式（3-13）中，P_j^z 和 Π^{kz} 分别表示内向多边阻力和外向多边阻力，其表达式分别为：

$$P_j^z = \left[\sum_{k=1}^N \theta^{kz} \left(\frac{\tau_j^{kz}}{\Pi^{kz}} \right)^{1-\sigma_j^z} \right]^{\frac{1}{1-\sigma_j^z}} \qquad (3-14)$$

$$\Pi^{kz} = \left[\sum_{j=1}^{N} \varphi_j^z \left(\frac{\tau_j^{kz}}{P_j^z} \right)^{1-\sigma_j^z} \right]^{\frac{1}{1-\sigma_j^z}} \quad (3-15)$$

在式（3-15）中，$\varphi_j^z = \sum_{s=1}^{S} \theta^{js} [\gamma_{js}^z \beta^{js} + \alpha_j^z (1 - \beta^{js})]$，表示对于 j 国（地区）而言 z 行业的产品对其消费者和厂商的重要性。根据式（3-12）可知国家（地区）-行业层面的中间品贸易规模取决于：①出口国（地区）与进口国（地区）经济总量占全球经济总量的份额；②各类中间品在生产中的重要性；③双边贸易成本；④内向多边阻力和外向多边阻力。同样根据式（3-13）可知国家（地区）-行业层面的最终产品贸易规模取决于：①出口国（地区）与进口国（地区）经济总量占全球经济总量的份额；②各行业的产品对进口国（地区）消费者的重要性；③双边贸易成本；④内向多边阻力和外向多边阻力。

（五）投入产出联系

令 a_{js}^{kz} 代表 j 国（地区）s 行业每生产 1 单位产出所需的 k 国（地区）z 行业中间品的投入量，根据式（3-12）可得 a_{js}^{kz} 的表达式为：

$$a_{js}^{kz} \equiv \frac{x_{js}^{kz}}{y^{js}} = \frac{y^{kz} \gamma_{js}^z \beta^{js}}{y^w} \left(\frac{\tau_j^{kz}}{\Pi^{kz} P_j^z} \right)^{1-\sigma_j^z} \quad (3-16)$$

根据行业间的投入产出联系和式（3-11），产出（y^{kz}）可以进一步被分解为：

$$y^{kz} = \sum_{j=1}^{N} \left(\sum_{s=1}^{S} x_{js}^{kz} + f_j^{kz} \right) = \sum_{j=1}^{N} \sum_{s=1}^{S} a_{js}^{kz} y^{js} + \sum_{j=1}^{N} f_j^{kz} \quad (3-17)$$

因此，对于所有国家（地区）所有行业，其产出可以被表示为：

$$Y = AY + \sum_{j=1}^{N} f_j \quad (3-18)$$

在式（3-18）中，Y 是一个 $S \times N$ 行的列向量，其元素为各国家（地区）各行业的产出；f_j 是一个 $S \times N$ 行的列向量，其元素为 j 国（地区）对各国家（地区）各行业的最终需求；A 是 $S \times N$ 行 $S \times N$ 列的全球投入产出矩阵。式（3-18）可以进一步被转化为：

$$(I - A) Y = \sum_{j=1}^{N} f_j \quad (3-19)$$

在式（3-19）中，I 是 $S \times N$ 行 $S \times N$ 列的单位矩阵，如果矩阵 $(I - A)$ 是可逆的，根据式（3-19），产出向量 Y 可以被转换为：

$$Y = (I - A)^{-1} \sum_{j=1}^{N} f_j = \Lambda \sum_{j=1}^{N} f_j \qquad (3-20)$$

在式（3-20）中，Λ 是 $S \times N$ 行 $S \times N$ 列的矩阵，即里昂惕夫矩阵，其元素 Λ_{is}^{kz} 表示满足 i 国（地区）s 行业单位最终需求所需的 k 国（地区）z 行业的产出规模，根据式（3-20）可以将 k 国（地区）z 行业的产出分解为：

$$y^{kz} = \sum_{i=1}^{N} \sum_{s=1}^{S} \Lambda_{is}^{kz} \sum_{j=1}^{N} f_j^{is}$$

$$= \sum_{i=1}^{N} \sum_{s=1}^{S} \Lambda_{is}^{kz} \sum_{j=1}^{N} \frac{y^{is} \alpha_j^s \sum_{r=1}^{S} (1 - \beta^{jr}) y^{jr}}{y^w} \left(\frac{\tau_j^{is}}{\Pi^{is} P_j^s} \right)^{1-\sigma_j^s} \qquad (3-21)$$

二　比较静态分析

当前逆全球化的一个典型表现就是贸易保护主义的兴起，因此在本模型中使用贸易成本（τ）的提高来表示逆全球化。根据式（3-21）可以将 k 国（地区）z 行业产出的变动（Δy^{kz}）分解为：

$$\Delta y^{kz} = \sum_{i=1}^{N} \sum_{s=1}^{S} \Lambda_{is}^{kz} \sum_{j=1}^{N} \Delta f_j^{is} + \sum_{i=1}^{N} \sum_{s=1}^{S} \Delta \Lambda_{is}^{kz} \sum_{j=1}^{N} f_j^{is} \qquad (3-22)$$

因为 $\Lambda^{-1} \Lambda = I$，可得：$\Lambda^{-1} \Delta \Lambda + \Delta \Lambda^{-1} \Lambda = 0$。所以，$\Delta \Lambda = - \Lambda \Delta \Lambda^{-1} \Lambda$。又因为 $\Lambda = (I - A)^{-1}$，所以 $\Delta \Lambda^{-1} = - \Delta A$，因此 $\Delta \Lambda = \Lambda \Delta A \Lambda$。根据式（3-13）、式（3-16）以及 $\Delta \Lambda = \Lambda \Delta A \Lambda$ 可以将式（3-22）进一步转化为：

$$\Delta y^{kz} = - \sum_{i=1}^{N} \sum_{s=1}^{S} \Lambda_{is}^{kz} \sum_{j=1}^{N} (\sigma_j^s - 1) \widehat{\tau_j^{is}} e_j^{is} \qquad (3-23)$$

在式（3-23）中，$\widehat{\tau_j^{is}} = \frac{\Delta \tau_j^{is}}{\tau_j^{is}} - \frac{\Delta \Pi^{is}}{\Pi^{is}} - \frac{\Delta P_j^s}{P_j^s}$，表示相对于多边阻力，贸易成本的变动比例。在探讨贸易成本的贸易影响效应时，需要考虑贸易成本所引致的多边阻力的变化。举一个例子，假设世界上有三个国家 A、B、C，假如 A 国将从 B 国进口商品的关税提高 10%，而从其他国家（地区）进口商品的关税未发生变动。一方面，这会提高 A 国从 B 国进口的商品的价格，进

而降低 B 国对 A 国的出口$\left[\text{由} - (\sigma_j^s - 1) \dfrac{\Delta \tau_j^{is}}{\tau_j^{is}} e_j^{is} \text{ 反映出}\right]$；另一方面，$A$ 国对从 B 国进口商品关税的提高，使得 A 国从 C 国进口产品的价格相对降低，这会增加 C 国对 A 国的出口$\left[\text{由} (\sigma_j^s - 1)\left(\dfrac{\Delta \Pi^{is}}{\Pi^{is}} + \dfrac{\Delta P_j^s}{P_j^s}\right) e_j^{is} \text{ 反映出}\right]$。根据式（3-23）和 $\widehat{\tau_j^{is}} = \dfrac{\Delta \tau_j^{is}}{\tau_j^{is}} - \dfrac{\Delta \Pi^{is}}{\Pi^{is}} - \dfrac{\Delta P_j^s}{P_j^s}$，逆全球化对产出的影响可以用以下公式来刻画：

$$\Delta y^{kz} = \underbrace{- \sum_{i=1}^{N} \sum_{s=1}^{S} \Lambda_{is}^{kz} \sum_{j=1}^{N} (\sigma_j^s - 1) \frac{\Delta \tau_j^{is}}{\tau_j^{is}} e_j^{is}}_{\text{贸易破坏效应}} +$$

$$\underbrace{\sum_{i=1}^{N} \sum_{s=1}^{S} \Lambda_{is}^{kz} \sum_{j=1}^{N} (\sigma_j^s - 1)\left(\frac{\Delta \Pi^{is}}{\Pi^{is}} + \frac{\Delta P_j^s}{P_j^s}\right) e_j^{is}}_{\text{贸易转移效应}} \qquad (3-24)$$

根据式（3-24）可知，逆全球化对产出的影响，即贸易成本提高对产出的影响可以分解为贸易破坏效应与贸易转移效应。贸易破坏效应是指当 j 国（地区）提高从 i 国（地区）s 行业的进口贸易成本时，导致 i 国（地区）s 行业的出口规模缩减。由于 i 国（地区）s 行业在生产过程中依赖 k 国（地区）z 行业的产品，其出口规模的缩减将间接引致 k 国（地区）z 行业产出的下降。贸易转移效应则是指当 j 国（地区）提高从 i 国（地区）s 行业的进口贸易成本时，促使 j 国（地区）增加从 i 国（地区）以外的其他国家（地区）s 行业进口的规模。这些国家（地区）的 s 行业在生产过程中同样需要使用 k 国（地区）z 行业的产品，因此 j 国（地区）s 行业从其他国家（地区）进口的规模增加，可能会带动 k 国（地区）z 行业产出的提升。在式（3-24）中，Λ_{is}^{kz} 就反映了贸易成本提高可以通过影响中间品流动规模产生跨区域跨行业的产出影响效应。

第二节　参数校准

本章基于式（3-24）探讨中美贸易摩擦的产出影响效应。在量化中美贸易摩擦的产出影响效应时，主要分析贸易破坏效应，即式（3-24）等号右侧的第一部分。原因是，其一，贸易转移效应意味着新商业合同的建立，而建立新的商业合同是需要一定的时间的，在短期内贸易转移效应很难产生。其二，大量的实证研究表明，相对于贸易破坏效应，贸易转移效应较小或者不显著。比如，Magee（2008）发现，在各国（地区）签订区域协议后，成员国（地区）之间的双边贸易流量会增加 82%，这一影响在进行一系列稳健性检验后仍然显著；与之相反的是，成员国（地区）来自外部的进口仅减少 2.9%，并且这一结论不够稳健，表明贸易转移效应相当小。曹亮等（2013）发现，中国农产品存在显著的贸易创造效应，但没有显著的计量结果表明存在贸易转移效应。因此，本章主要基于以下公式模拟中美贸易摩擦的产出影响效应：

$$
\Delta y^{kz} = \underbrace{- \sum_{s=1}^{S} \Lambda_{chn,s}^{kz} (\sigma_{usa}^{s} - 1) \frac{\Delta \tau_{usa}^{chn,s}}{\tau_{usa}^{chn,s}} e_{usa}^{chn,s}}_{\text{美国对中国加征关税的影响}} \underbrace{- \sum_{s=1}^{S} \Lambda_{usa,s}^{kz} (\sigma_{chn}^{s} - 1) \frac{\Delta \tau_{chn}^{usa,s}}{\tau_{chn}^{usa,s}} e_{chn}^{usa,s}}_{\text{中国对美国加征关税的影响}}
$$

$$(3-25)$$

式（3-25）等号右边的第一部分反映的是美国对中国加征关税的产出影响效应，右边的第二部分反映的是中国对美国加征关税的产出影响效应。根据式（3-25）可知，要模拟中美贸易摩擦的产出影响效应就需要知道 $\Lambda_{chn,s}^{kz}$、$\Lambda_{usa,s}^{kz}$、$e_{usa}^{chn,s}$、$e_{chn}^{usa,s}$、$\sigma_{usa}^{s} - 1$、$\sigma_{chn}^{s} - 1$、$\frac{\Delta \tau_{usa}^{chn,s}}{\tau_{usa}^{chn,s}}$ 以及 $\frac{\Delta \tau_{chn}^{usa,s}}{\tau_{chn}^{usa,s}}$ 这几个参数。

首先，根据世界投入产出数据库（WIOD）中 2014 年世界投入产出表计算中美两国的昂惕夫矩阵（$\Lambda_{chn,\,s}^{kz}$ 和 $\Lambda_{usa,\,s}^{kz}$）和中美两国间的出口（$e_{usa}^{chn,\,s}$、$e_{chn}^{usa,\,s}$）。[①] 其次，王晓星和倪红福（2019）利用 123 个国家（地区）2000~2016 年 HS6 进口品数据计算了双边进口需求弹性，因此本章基于王晓星和倪红福（2019）研究的结果获得中美两国在行业层面的贸易弹性（σ_{usa}^{s} 和 σ_{chn}^{s}），具体如表 3-1 第（1）至（2）列所示。最后，本章以中美

---

① 这里使用基于 WIOD 数据库的投入产出数据计算中美两国的昂惕夫矩阵（$\Lambda_{chn,\,s}^{kz}$ 和 $\Lambda_{usa,\,s}^{kz}$）和中美两国间的出口（$e_{usa}^{chn,\,s}$、$e_{chn}^{usa,\,s}$），是因为相对于其他投入产出数据，WIOD 数据库中投入产出数据的部门分类更加细致（56 个）。

两国 2017 年的 MFN 关税为基准，根据中美四轮互加关税的情况（见表2-15）及相关产品清单计算中美贸易摩擦后中美两国各行业贸易成本变动比例，具体结果如表3-1第（3）至（4）列所示[1]。可以看出，一方面，中美贸易摩擦后中国出口美国贸易成本的变动比例存在行业层面的差异。具体而言，中国渔业、造纸及纸制品业和炼焦及石油加工业等行业出口美国贸易成本的变动比例较大，而中国记录媒介的打印和复印业、家具制品与其他制造业和基本金属制造业等行业出口美国贸易成本的变动比例较小。另一方面，中美贸易摩擦后美国出口中国贸易成本的变动比例也存在行业层面的差异。具体而言，美国渔业，农业和食品、饮料与烟草制造业等行业出口中国贸易成本的变动比例较大，而美国炼焦及石油加工业、其他运输设备制造业和基础药品及药物制剂制造业等行业出口中国贸易成本的变动比例较小。

表 3-1　贸易弹性与贸易成本变动比例

行业名称	σ_{usa}^{s}	σ_{chn}^{s}	$\dfrac{\Delta\tau_{usa}^{chn,s}}{\tau_{usa}^{chn,s}}$	$\dfrac{\Delta\tau_{chn}^{usa,s}}{\tau_{chn}^{usa,s}}$
	（1）	（2）	（3）	（4）
农业	2.347	2.627	0.162	0.262
林业	2.347	2.627	0.154	0.094
渔业	2.347	2.627	0.242	0.311
采掘业	2.880	2.270	0.191	0.144
食品、饮料与烟草制造业	2.490	2.990	0.151	0.206
纺织、服装与皮革制品业	2.397	2.577	0.171	0.153
木材及其制品业（家具除外）	1.470	1.470	0.214	0.157
造纸及纸制品业	1.900	1.425	0.233	0.143

[1] 在计算中美贸易摩擦后中美两国各行业贸易成本变动比例时：首先，依据 HS 产品编码和北美产业分类标准（NAICS）的对照表与北美产业分类标准（NAICS）和 WIOD 行业对照表（基于 ISIC Rev.4 行业标准进行分类）建立起 HS 产品编码与 WIOD 行业的对应关系；其次，以中美两国 2017 年的 MFN 关税为基准，根据中美四轮加关税的情况及相关产品清单，计算出中美贸易摩擦后中美两国间在 HS 产品层面的进口关税；最后，根据 HS 产品编码与 WIOD 行业的对应关系与中美贸易摩擦后中美两国间在 HS 产品层面的进口关税，计算出中美贸易摩擦前后中美两国间在 WIOD 行业层面的贸易成本及其变动比例。

续表

行业名称	σ_{usa}^{s}	σ_{chn}^{s}	$\dfrac{\Delta \tau_{usa}^{chn,\ s}}{\tau_{usa}^{chn,\ s}}$	$\dfrac{\Delta \tau_{chn}^{usa,\ s}}{\tau_{chn}^{usa,\ s}}$
	（1）	（2）	（3）	（4）
记录媒介的打印和复印业	1.685	1.425	0.089	0.147
炼焦及石油加工业	2.790	3.160	0.227	0.058
化工及其制品业	1.303	1.353	0.219	0.136
基础药品及药物制剂制造业	1.303	1.353	0.157	0.093
橡胶及塑料制品业	1.303	1.353	0.187	0.155
其他非金属矿物制品业	1.303	1.353	0.214	0.146
基本金属制造业	1.235	1.245	0.137	0.163
金属制品业	1.235	1.245	0.180	0.151
计算机电子和光学设备制造业	1.049	1.228	0.185	0.138
电气设备制造业	1.235	1.245	0.202	0.167
未另分类的机械设备制造业	1.095	1.095	0.206	0.144
汽车拖车和半挂车制造业	1.091	1.125	0.207	0.118
其他运输设备制造业	1.091	1.125	0.195	0.084
家具制品与其他制造业	1.095	1.095	0.106	0.152

资料来源：笔者计算而得。

第三节　中美贸易摩擦产出影响效应的模拟结果

一　国家（地区）层面的模拟结果

基于式（3-24）以及相关参数本章估计了中美贸易摩擦对各个国家（地区）产出的影响。从表 3-2 可以看出，第一，中美贸易摩擦对各个国家（地区）的产出均产生了不同程度的影响。第二，中美贸易摩擦对中国、中国台湾、美国、韩国、澳大利亚、加拿大、日本等国家（地区）的产出产生了相对较大的不利影响，中美贸易摩擦使得这些国家（地区）的产出分别下降了 0.837%、0.248%、0.147%、0.123%、0.049%、0.039%、0.038%。第三，美国对中国加征关税对中国、中国台湾、韩国、澳大利亚、日本、俄罗斯、印度尼西亚等国家（地区）的产出产生了相对较大的不利影响，美国对中国加征关税使得这些国家（地区）的产出分别下降了 0.834%、0.235%、0.115%、0.046%、0.033%、0.026%、0.024%。第四，中国对美国加征关税对美国、加拿大、墨西哥、爱尔兰、中国台湾、韩国、比利时等国家（地区）的产出产生了较大幅度的不利影响，中国对美国加征关税使得这些国家（地区）的产出分别下降了0.141%、0.028%、0.023%、0.013%、0.012%、0.008%、0.007%。总而言之，表3-2的结果说明，一方面，中美贸易摩擦对中国和美国的产出产生了相对较大的不利影响；另一方面，中美贸易摩擦对位于中国和美国产业链上游的中国台湾、韩国、澳大利亚、日本、俄罗斯等国家（地区）的产出也产生了相对较大的不利影响，即在全球垂直专业化分工体系下，中美贸易摩擦会沿着产业链对其他国家（地区）的产出产生一定的影响。

表 3-2   中美贸易摩擦对各个国家（地区）产出的影响

单位：万美元，%

国家（地区）	中美贸易摩擦		美国对中国加征关税		中国对美国加征关税	
	产出变动量	产出变动率	产出变动量	产出变动率	产出变动量	产出变动率
澳大利亚	−132610.5	−0.049	−126649.6	−0.046	−5960.9	−0.002
奥地利	−14582.3	−0.018	−11076.0	−0.014	−3506.3	−0.004
比利时	−25925.4	−0.023	−18524.3	−0.017	−7401.1	−0.007
保加利亚	−2590.7	−0.021	−2180.8	−0.018	−409.9	−0.003
巴西	−83400.9	−0.020	−67747.5	−0.017	−15653.4	−0.004
加拿大	−126367.8	−0.039	−34297.5	−0.011	−92070.3	−0.028
瑞士	−28925.1	−0.021	−22570.2	−0.016	−6354.9	−0.005
中国	−26583030.0	−0.837	−26460020.0	−0.834	−123012.7	−0.004

续表

国家 （地区）	中美贸易摩擦		美国对中国加征关税		中国对美国加征关税	
	产出 变动量	产出 变动率	产出 变动量	产出 变动率	产出 变动量	产出 变动率
塞浦路斯	-407.0	-0.010	-335.8	-0.009	-71.3	-0.002
捷克	-8328.2	-0.017	-6412.9	-0.013	-1915.3	-0.004
德国	-166388.3	-0.024	-130126.5	-0.018	-36261.8	-0.005
丹麦	-11764.1	-0.019	-9628.0	-0.016	-2136.1	-0.003
西班牙	-25601.2	-0.010	-18630.7	-0.007	-6970.5	-0.003
爱沙尼亚	-914.6	-0.017	-677.8	-0.012	-236.8	-0.004
芬兰	-12489.4	-0.024	-9389.8	-0.018	-3099.6	-0.006
法国	-63852.9	-0.013	-47191.4	-0.009	-16661.5	-0.003
英国	-68001.5	-0.013	-45693.8	-0.009	-22307.8	-0.004
希腊	-3938.8	-0.010	-3294.6	-0.009	-644.2	-0.002
克罗地亚	-1145.5	-0.012	-929.9	-0.010	-215.6	-0.002
匈牙利	-4809.1	-0.017	-3678.0	-0.013	-1131.1	-0.004
印度尼西亚	-46205.0	-0.027	-40291.9	-0.024	-5913.0	-0.003
印度	-55000.3	-0.014	-41815.3	-0.010	-13185.0	-0.003
爱尔兰	-15251.1	-0.030	-8675.8	-0.017	-6575.3	-0.013
意大利	-47215.7	-0.012	-33174.3	-0.008	-14041.4	-0.003
日本	-331596.4	-0.038	-288661.0	-0.033	-42935.5	-0.005
韩国	-420245.4	-0.123	-392422.3	-0.115	-27823.1	-0.008
立陶宛	-1534.5	-0.018	-1088.7	-0.013	-445.8	-0.005
卢森堡	-5621.6	-0.027	-4845.6	-0.023	-776.0	-0.004
拉脱维亚	-832.8	-0.013	-656.0	-0.010	-176.8	-0.003
墨西哥	-60576.4	-0.028	-11730.8	-0.006	-48845.6	-0.023
马耳他	-345.8	-0.012	-284.9	-0.010	-60.9	-0.002
荷兰	-39899.7	-0.024	-29579.5	-0.018	-10320.2	-0.006
挪威	-16945.5	-0.020	-13053.6	-0.016	-3891.9	-0.005
波兰	-12499.1	-0.011	-9675.3	-0.009	-2823.8	-0.003
葡萄牙	-4709.2	-0.011	-3542.7	-0.009	-1166.5	-0.003
罗马尼亚	-4719.1	-0.012	-3724.4	-0.009	-994.7	-0.002
俄罗斯	-102764.6	-0.030	-88185.9	-0.026	-14578.7	-0.004

国家（地区）	中美贸易摩擦		美国对中国加征关税		中国对美国加征关税	
	产出变动量	产出变动率	产出变动量	产出变动率	产出变动量	产出变动率
斯洛伐克	−2681.2	−0.012	−2117.1	−0.009	−564.1	−0.002
斯洛文尼亚	−1321.0	−0.014	−1037.8	−0.011	−283.2	−0.003
瑞典	−18136.5	−0.018	−13919.9	−0.014	−4216.7	−0.004
土耳其	−19536.3	−0.013	−14728.0	−0.010	−4808.3	−0.003
中国台湾	−302550.8	−0.248	−287414.4	−0.235	−15136.4	−0.012
美国	−4549515.0	−0.147	−192471.2	−0.006	−4357044.0	−0.141

资料来源：笔者计算而成。

二 行业层面的模拟结果

中美贸易摩擦的产出影响效应不仅存在国家（地区）差异，也存在行业差异。表3-3报告了中美贸易摩擦对全球各行业产出的影响。可以看出，第一，中美贸易摩擦对农林渔业、采掘业和制造业的产出产生了相对较大的不利影响。其中，计算机电子和光学设备制造业，化工及其制品业，纺织、服装与皮革制品业，林业，基本金属制造业，采掘业，炼焦及石油加工业等行业的产出受中美贸易摩擦的影响比较大，中美贸易摩擦使得这些行业的产出分别下降了0.160%、0.138%、0.127%、0.104%、0.104%、0.100%、0.099%。之所以这些行业的产出更容易受到中美贸易摩擦的影响，是因为这些行业的产品是其他行业生产所需的重要中间投入品，即这些行业处于产业链上游。第二，中美贸易摩擦对以运输仓储、批发零售、科学研究和开发为代表的生产性服务业的产出也产生了一定的不利影响。尽管中美相互加征关税不会对服务业产生直接的影响，但是中美贸易摩擦下制造业等行业产出的下降，必然使得其对上游运输仓储、批发零售业等生产性服务业的需求减少进而降低了这些生产性服务业的产出。

表 3-3　中美贸易摩擦对全球各行业产出的影响

单位：万美元，%

行业名称	产出变动量	产出变动率
农业	47033.3	0.090
林业	4127.8	0.104
渔业	1822.8	0.059
采掘业	42830.5	0.100
食品、饮料与烟草制造业	32582.6	0.031
纺织、服装与皮革制品业	98106.9	0.127
木材及其制品业（家具除外）	9427.3	0.057
造纸及纸制品业	10722.6	0.090
记录媒介的打印和复印业	1908.8	0.036
炼焦及石油加工业	24101.6	0.099
化工及其制品业	60654.8	0.138
基础药品及药物制剂制造业	4050.6	0.026
橡胶及塑料制品业	21226.7	0.093
其他非金属矿物制品业	10590.3	0.042
基本金属制造业	42444.6	0.104
金属制品业	20408.1	0.067
计算机电子和光学设备制造业	109470.2	0.160
电气设备制造业	36722.1	0.093
未另分类的机械设备制造业	36166.0	0.075
汽车拖车和半挂车制造业	22807.5	0.040
其他运输设备制造业	7151.5	0.044
家具制品与其他制造业	10344.4	0.078
机器设备的修理和安装业	177.0	0.025
电力、燃气、暖气和冷气供应业	24462.3	0.044
水收集、处理和供应业	543.7	0.026
污水与废料的收集处理业	1264.2	0.050
建筑业	2973.9	0.005
批发零售业与汽车和摩托车的修理	584.2	0.017
批发贸易	29030.3	0.045

续表

行业名称	产出变动量	产出变动率
零售贸易	5827.3	0.029
陆运和管道运输	12004.3	0.042
水运	2736.7	0.055
空运	1632.2	0.047
仓储和运输辅助服务	4076.8	0.045
邮政和快递业	588.4	0.029
住宿和餐饮服务业	4808.6	0.014
出版业	328.0	0.015
电影、录像、电视节目、录音、音乐出版与制作	311.5	0.013
电信业	2430.0	0.016
计算机编程，咨询及相关服务；信息服务业	1855.8	0.023
金融服务业（除保险和养老金）	13742.3	0.033
保险、再保险和养老金（强制社会保障除外）	2205.1	0.019
金融和保险的附属服务	541.1	0.017
房地产业	4109.6	0.009
法律和会计服务；总部活动；管理咨询服务	14088.1	0.035
建筑和工程服务业；技术测试和分析服务	900.8	0.021
科学研究和开发	2308.4	0.038
广告和市场研究	507.5	0.024
其他的专业、科学、技术等服务；兽医	3387.5	0.030
行政和辅助服务	3580.4	0.026
公共管理和治安；强制社会保障	1811.9	0.003
教育	636.8	0.003
卫生和社会工作	419.2	0.001
其他服务	4588.8	0.014
家庭自雇；供自用的无差别商品和服务	46.2	0.003

资料来源：笔者计算而成。

从表 3-2 中已经得知，中国和美国是中美贸易摩擦中产出受损较为严重的两个国家，那么中美贸易摩擦对中国和美国哪些行业的影响更大？表3-4 报告了中美贸易摩擦对中美两国各行业产出的影响。可以看到，第一，中美贸易摩擦对中国的纺织、服装与皮革制品业，计算机电子和光学设备制造业，家具制品与其他制造业，造纸及纸制品业，橡胶及塑料制品业，化工及其制品业，电气设备制造业等行业的产出产生了相对较大的不利影响，中美贸易摩擦使得这些行业的产出分别下降了 3.299%、2.428%、1.888%、1.549%、1.480%、1.478%、1.381%。第二，中美贸易摩擦对美国的农业，渔业，林业，食品、饮料与烟草制造业，计算机电子和光学设备制造业，未另分类的机械设备制造业，化工及其制品业等行业的产出产生了相对较大的不利影响，中美贸易摩擦使得这些行业的产出分别下降了 2.465%、1.311%、1.243%、0.547%、0.489%、0.479%、0.477%。第三，在垂直专业化分工的生产体系下，中美贸易摩擦对中美两国以运输仓储、批发零售、科学研究和开发为代表的生产性服务业的产出也产生了一定的不利影响。

表 3-4　中美贸易摩擦对中美两国各行业产出的影响

单位：万美元，%

行业名称	中国		美国	
	产出变动量	产出变动率	产出变动量	产出变动率
农业	-905999.2	-0.649	-1074296.0	-2.465
林业	-104112.5	-0.957	-40947.9	-1.243
渔业	-44605.6	-0.270	-26372.2	-1.311
采掘业	-1136524.0	-0.926	-150416.8	-0.226
食品、饮料与烟草制造业	-854624.0	-0.473	-530769.7	-0.547
纺织、服装与皮革制品业	-4205924.0	-3.299	-29118.2	-0.309
木材及其制品业（家具除外）	-355481.6	-0.887	-37058.2	-0.379
造纸及纸制品业	-352589.1	-1.549	-80038.1	-0.413
记录媒介的打印和复印业	-66600.1	-0.558	-8582.4	-0.100
炼焦及石油加工业	-798794.5	-0.929	-128316.2	-0.157

续表

行业名称	中国		美国	
	产出变动量	产出变动率	产出变动量	产出变动率
化工及其制品业	−2012562.0	−1.478	−284932.0	−0.477
基础药品及药物制剂制造业	−99728.9	−0.328	−66807.3	−0.313
橡胶及塑料制品业	−787386.4	−1.480	−68980.4	−0.298
其他非金属矿物制品业	−406484.2	−0.455	−27059.5	−0.232
基本金属制造业	−1489078.0	−0.822	−109591.2	−0.389
金属制品业	−721689.5	−1.127	−101299.6	−0.267
计算机电子和光学设备制造业	−3844177.0	−2.428	−189333.6	−0.489
电气设备制造业	−1458114.0	−1.381	−54796.2	−0.436
未另分类的机械设备制造业	−1278801.0	−1.078	−193999.9	−0.479
汽车拖车和半挂车制造业	−769880.4	−0.619	−160495.4	−0.269
其他运输设备制造业	−149626.7	−0.385	−137089.2	−0.396
家具制品与其他制造业	−338054.7	−1.888	−66123.9	−0.276
机器设备的修理和安装业	—	—	−867.9	−0.023
电力、燃气、暖气和冷气供应业	−841519.8	−0.824	−32375.7	−0.080
水收集、处理和供应业	−16238.8	−0.465	−1104.5	−0.080
污水与废料的收集处理业	−28753.9	−0.697	−11081.9	−0.121
建筑业	−74242.1	−0.024	−15998.0	−0.013
批发零售业与汽车和摩托车的修理	—	—	−6758.5	−0.018
批发贸易	−907848.1	−0.656	−204074.9	−0.129
零售贸易	−187573.8	−0.655	−11444.9	−0.009
陆运和管道运输	−356847.5	−0.602	−83496.7	−0.163
水运	−85921.1	−0.601	−9828.6	−0.156
空运	−33484.4	−0.395	−14495.0	−0.077
仓储和运输辅助服务	−121362.8	−0.715	−19551.8	−0.100
邮政和快递业	−11349.3	−0.365	−9516.0	−0.086
住宿和餐饮服务业	−164094.6	−0.308	−16325.1	−0.018

续表

行业名称	中国		美国	
	产出变动量	产出变动率	产出变动量	产出变动率
出版业	—	—	-8647.8	-0.026
电影、录像、电视节目、录音、音乐出版与制作	—	—	-7106.2	-0.022
电信业	-68637.8	-0.207	-19848.0	-0.031
计算机编程，咨询及相关服务；信息服务业	-28167.7	-0.174	-27953.1	-0.050
金融服务业（除保险和养老金）	-480704.0	-0.620	-44749.1	-0.063
保险、再保险和养老金（强制社会保障除外）	-41923.8	-0.325	-41117.3	-0.041
金融和保险的附属服务	—	—	-16267.4	-0.034
房地产业	-117390.3	-0.168	-39452.9	-0.014
法律和会计服务；总部活动；管理咨询服务	-398508.6	-0.656	-140307.8	-0.123
建筑和工程服务业；技术测试和分析服务	—	—	-24283.9	-0.054
科学研究和开发	-75882.7	-0.891	-13407.0	-0.056
广告和市场研究	—	—	-13534.7	-0.056
其他的专业、科学、技术等服务；兽医	-123974.2	-0.414	-4327.6	-0.055
行政和辅助服务	-14719.8	-0.154	-85512.9	-0.079
公共管理和治安；强制社会保障	-27666.9	-0.036	-38700.5	-0.011
教育	-19383.2	-0.032	-3501.3	-0.011
卫生和社会工作	-12950.5	-0.024	-1568.3	-0.001
其他服务	-163052.0	-0.313	-15411.2	-0.020
家庭自雇；供自用的无差别商品和服务	—	—	-475.0	-0.023

资料来源：笔者计算而成。

在表3-4中发现，相对于服务业，中美贸易摩擦对中美两国农林渔业、采掘业和制造业产出的不利影响相对较大。会出现这一结论是因为，一方面，中美贸易摩擦提高了两国间农林渔业、采掘业和制造业的贸易成本（见表3-1），而贸易成本的提高使得这些行业出口下降，进而带来产出的下降，即直接产出变动。比如，美国对中国的钢铁行业加征关税，使得中国对美国钢铁出口下降，进而造成中国钢铁行业产出的下降。另一方面，在垂直专业化分工的生产体系中，部分行业出口的减少造成对农林渔业、采掘业和制造业中间投入需求的降低，进而引致农林渔业、采掘业和制造业产出的下降，即间接产出变动。比如，美国对中国的汽车行业加征关税，使得中国对美国汽车出口下降，而中国对美国汽车出口的下降又使得中国汽车行业对中国钢铁产业的需求减少，进而造成中国钢铁行业产出的下降。那么，中美贸易摩擦后，中美两国农林渔业、采掘业和制造业产出的下降主要是直接产出变动还是间接产出变动引致的？表3-5报告了中美贸易摩擦对中美两国农林渔业、采掘业和制造业产出的间接和直接影响。可以看到：第一，平均而言，中美贸易摩擦后中国农林渔业、采掘业和制造业间接产出变动量占产出变动量的比重约为41.988%，其中农业、林业、记录媒介的打印和复印业、渔业、采掘业间接产出变动量占比较高，均在90%以上；第二，平均而言，中美贸易摩擦后美国农林渔业、采掘业和制造业间接产出变动量占产出变动量的比重约为27.593%，其中林业、炼焦及石油加工业、渔业、金属制品业、基本金属制造业间接产出变动量占比较高，均在70%以上。因此，表3-5的结果进一步证明，在垂直专业化分工背景下逆全球化所产生的跨行业的产出影响效应是非常大的，必须引起我们的重视。

表 3-5　中美贸易摩擦对中美两国农林渔业、采掘业和制造业
产出的间接和直接影响

单位：万美元，%

行业名称	中国			美国		
	直接产出变动量	间接产出变动量	间接产出变动量占比	直接产出变动量	间接产出变动量	间接产出变动量占比
农业	-27797.6	-878201.7	96.932	-928421.2	-145874.8	13.579

行业名称	中国			美国		
	直接产出变动量	间接产出变动量	间接产出变动量占比	直接产出变动量	间接产出变动量	间接产出变动量占比
林业	-3716.8	-100395.7	96.430	-7246.0	-33701.9	82.304
渔业	-2932.4	-41673.2	93.426	-6592.3	-19779.9	75.003
采掘业	-102977.9	-1033546.0	90.939	-71824.3	-78592.5	52.250
食品、饮料与烟草制造业	-280681.5	-573942.5	67.157	-435202.5	-95567.2	18.005
纺织、服装与皮革制品业	-3937949.0	-267975.1	6.371	-20966.7	-8151.5	27.995
木材及其制品业（家具除外）	-135931.7	-219549.9	61.761	-24781.2	-12277.0	33.129
造纸及纸制品业	-183797.2	-168791.8	47.872	-45638.9	-34399.2	42.979
记录媒介的打印和复印业	-2801.0	-63799.1	95.794	-3570.4	-5012.0	58.399
炼焦及石油加工业	-146304.8	-652489.7	81.684	-31678.5	-96637.7	75.312
化工及其制品业	-733856.2	-1278706.0	63.536	-197835.1	-87096.9	30.568
基础药品及药物制剂制造业	-67073.8	-32655.1	32.744	-20977.1	-45830.2	68.601
橡胶及塑料制品业	-292632.3	-494754.1	62.835	-28746.1	-40234.3	58.327
其他非金属矿物制品业	-184792.2	-221692.0	54.539	-14007.3	-13052.2	48.235
基本金属制造业	-177710.6	-1311367.0	88.066	-32549.1	-77042.1	70.300
金属制品业	-375612.8	-346076.7	47.954	-26464.4	-74835.2	73.875
计算机电子和光学设备制造业	-3459927.0	-384249.9	9.996	-153641.5	-35692.1	18.851
电气设备制造业	-985763.3	-472350.7	32.395	-39951.1	-14845.1	27.091
未另分类的机械设备制造业	-846739.6	-432061.1	33.786	-163169.3	-30830.6	15.892
汽车拖车和半挂车制造业	-535654.1	-234226.3	30.424	-142573.0	-17922.4	11.167
其他运输设备制造业	-94317.8	-55308.9	36.965	-129214.0	-7875.3	5.745
家具制品与其他制造业	-288564.7	-49490.0	14.640	-57281.5	-8842.4	13.373

资料来源：笔者计算而成。

表 3-2 的结果显示，中美两国相互加征关税对部分国家（地区）产出的增长也产生较大的负面影响。下面进一步分析，中美两国相互加征关税对其他国家（地区）产出的影响的行业特征。表 3-6 展示了美国对中国加征关税对中国台湾、韩国、澳大利亚、日本、俄罗斯等国家（地区）部分行业的影响。可以看到，第一，美国对中国加征关税对中国台湾的计算机电子和光学设备制造业，纺织、服装与皮革制品业，化工及其制品业，采掘业和橡胶及塑料制品业产生了相对较大的冲击。第二，美国对中国加征关税对韩国的计算机电子和光学设备制造业，化工及其制品业，橡胶及塑料制品业，纺织、服装与皮革制品业以及家具制品与其他制造业产生了相对较大的冲击。第三，美国对中国加征关税对澳大利亚的采掘业，基本金属制造业，林业，纺织、服装与皮革制品业和电气设备制造业产生了相对较大的冲击。第四，美国对中国加征关税对日本的计算机电子和光学设备制造业，化工及其制品业，纺织、服装与皮革制品业，橡胶及塑料制品业以及电气设备制造业产生了相对较大的冲击。第五，美国对中国加征关税对俄罗斯的采掘业、造纸及纸制品业、陆运和管道运输、木材及其制品业（家具除外）以及化工及其制品业产生了相对较大的冲击。总而言之，表3-6 表明，美国对中国加征关税会严重冲击中国台湾、韩国、日本的计算机电子和光学设备制造业以及澳大利亚、俄罗斯的采掘业。

表 3-6　美国对中国加征关税对其他国家（地区）部分行业的影响

单位：万美元，%

国家（地区）	行业名称	产出变动量	产出变动率
中国台湾	计算机电子和光学设备制造业	−156403.9	−0.756
	纺织、服装与皮革制品业	−11164.2	−0.608
	化工及其制品业	−50325.6	−0.541
	采掘业	−272.7	−0.270
	橡胶及塑料制品业	−4604.8	−0.253
韩国	计算机电子和光学设备制造业	−136255.4	−0.437
	化工及其制品业	−63719.6	−0.317
	橡胶及塑料制品业	−4469.1	−0.199
	纺织、服装与皮革制品业	−15766.0	−0.195
	家具制品与其他制造业	−3994.5	−0.189

续表

国家（地区）	行业名称	产出变动量	产出变动率
澳大利亚	采掘业	−52293.7	−0.304
	基本金属制造业	−8924.3	−0.205
	林业	−263.4	−0.102
	纺织、服装与皮革制品业	−461.1	−0.091
	电气设备制造业	−4933.5	−0.077
日本	计算机电子和光学设备制造业	−64155.6	−0.255
	化工及其制品业	−39175.4	−0.182
	纺织、服装与皮革制品业	−6751.4	−0.171
	橡胶及塑料制品业	−13056.2	−0.106
	电气设备制造业	−13689.8	−0.102
俄罗斯	采掘业	−27550.8	−0.106
	造纸及纸制品业	−1618.9	−0.059
	陆运和管道运输	−8330.9	−0.059
	木材及其制品业（家具除外）	−696.6	−0.053
	化工及其制品业	−3031.8	−0.049

注：这些产业都是受美国对中国加征关税影响相对较大的产业，其他受美国对中国加征关税影响相对较小的产业未列出。

资料来源：笔者计算而成。

表 3-7 展示了中国对美国加征关税对加拿大、墨西哥、爱尔兰、中国台湾、韩国等国家（地区）部分行业的影响。可以看到，第一，中国对美国加征关税对加拿大的渔业、化工及其制品业、橡胶及塑料制品业、基本金属制造业和林业产生了相对较大的冲击。第二，中国对美国加征关税对墨西哥的基本金属制造业、林业、其他运输设备制造业、渔业以及金属制品业产生了相对较大的冲击。第三，中国对美国加征关税对爱尔兰的化工及其制品业、基础药品及药物制剂制造业、农业、炼焦及石油加工业和橡胶及塑料制品业产生了相对较大的冲击。第四，中国对美国加征关税对中国台湾的林业、渔业、汽车拖车和半挂车制造业、金属制品业以及化工及其制品业产生了相对较大的冲击。第五，中国对美国加征关税对韩国的化工及其制品业、造纸及纸制品业、橡胶及塑料制品业、基本金属制造业以及广告和市场研究产生了相对较大的冲击。总而

言之，表 3-7 表明，中国对美国加征关税会严重冲击到加拿大、墨西哥、中国台湾的林业和渔业以及爱尔兰、韩国的化工及其制品业。

表 3-7 中国对美国加征关税对其他国家（地区）部分行业的影响

单位：万美元，%

国家（地区）	行业名称	产出变动量	产出变动率
加拿大	渔业	1491.4	0.242
	化工及其制品业	4900.4	0.184
	橡胶及塑料制品业	3283.2	0.137
	基本金属制造业	7627.9	0.121
	林业	1381.3	0.111
墨西哥	基本金属制造业	4786.1	0.125
	林业	2756.3	0.120
	其他运输设备制造业	843.1	0.114
	渔业	227.0	0.111
	金属制品业	2189.1	0.096
爱尔兰	化工及其制品业	636.9	0.108
	基础药品及药物制剂制造业	1635.9	0.048
	农业	449.5	0.042
	炼焦及石油加工业	6.4	0.030
	橡胶及塑料制品业	54.6	0.028
中国台湾	林业	11.2	0.131
	渔业	217.1	0.061
	汽车拖车和半挂车制造业	735.0	0.041
	金属制品业	979.0	0.034
	化工及其制品业	2669.5	0.029
韩国	化工及其制品业	4849.3	0.024
	造纸及纸制品业	414.9	0.020
	橡胶及塑料制品业	444.3	0.020
	基本金属制造业	2816.2	0.019
	广告和市场研究	38.7	0.017

注：这些产业都是受中国对美国加征关税影响相对较大的产业，其他受中国对美国加征关税影响相对较小的产业未列出。

资料来源：笔者计算而成。

第四节　本章小结

在垂直专业化分工体系中，中间品在境内与境外均更加频繁地流动，一国实施逆全球化措施可以通过影响中间品的流动规模而产生较强的产出影响效应。2018 年以来发生的中美贸易摩擦引发了中美两国关税的大幅度变动，为我们分析中间品流动规模视角下逆全球化的波及效应提供了良好的实例。

首先，本章将国家（地区）-行业间的投入产出联系引入传统的贸易模型，进而建立起贸易成本变动与产出变动的内在联系。研究发现：一方面，贸易成本提高对产出变动的影响可以分解为贸易破坏效应与贸易转移效应；另一方面，贸易成本的变动通过影响中间品流动规模产生跨区域跨行业的产出影响效应。然后，本章以中美贸易摩擦为例对模型进行参数校正，探讨了中美贸易摩擦对各国（地区）各行业产出的短期影响。考虑到贸易转移效应是一个长期的影响，并且一般相对较小或者不显著，因此我们模拟分析中美贸易摩擦通过贸易破坏效应对各国（地区）各行业产出的影响。

研究结果显示，第一，中美贸易摩擦对中美两国的产出产生了较大的不利影响，中美贸易摩擦使得中美两国的产出分别下降了 0.837%、0.147%。具体而言，中美贸易摩擦对中国的纺织、服装与皮革制品业，计算机电子和光学设备制造业，家具制品与其他制造业等行业的产出产生了相对较大的不利影响；中美贸易摩擦对美国的农业，渔业，林业，食品、饮料与烟草制造业等行业的产出产生了相对较大的不利影响。第二，中美贸易摩擦通过影响中间品流动规模产生了跨区域和跨行业的产出影响效应，主要表现为三个方面。①中美贸易摩擦对位于中国和美国产业链上游的中国台湾、韩国、澳大利亚、日本、俄罗斯等国家（地区）的产出产生了相对较大的不利影响。具体而言，美国对中国加征关税会严重冲击到中国台湾、韩国、日本的计算机电子和光学设备制造业以及澳大利亚、俄罗斯的采掘业，中国对美国加征关税会严重冲击到加拿大、墨西哥、中国台湾的林业和渔业以及爱尔兰、韩国的化工及其制品业。因为这些行业的产品是中美两国生产所需的重要中间投入品,下游出口的减少必然使得这些行业产出下降。②中美贸易摩擦对中美两国农林渔业、采掘业和制造业产出的不利影响相对较大,不仅仅是因为中美贸易摩擦使得这些行业出口下降,进而带来产出的下降(直接产出变动),更是因为其他行业出口的减少造成对农林渔业、采掘业和制造业中间投入需求的降低,进而引致农林渔业、采掘业和制造业产出的下降(间接产出变动)。具体而言,中美贸易摩擦后中国农林渔业、采掘业和制造业间接产出变动量占产出变动量的比重在40%以上,中美贸易摩擦后美国农林渔业、采掘业和制造业间接产出变动量占产出变动量的比重在20%以上。③尽管在中美贸易摩擦中,中美两国对农林渔业、采掘业和制造业产品相互加征关税,但是中美贸易摩擦对以运输仓储、批发零售、科学研究和开发为代表的生产性服务业的产出也产生了一定的不利影响。

第四章
中间品购进成本机制下逆全球化的波及效应

——以上游行业贸易保护对本国（地区）产出的影响为例

在全球垂直专业化分工的背景下，各国（地区）的产业之间存在密切的上下游联动关系，一国（地区）对外发起的贸易政策可能波及本国（地区）或他国（地区）上下游行业的生产。因此，以中间品流动为表征的各国（地区）产业间的投入产出关联可能是逆全球化能够产生波及效应的重要机制。在上一章中我们发现，中美贸易摩擦所引致的中间品流动规模的减少产生了跨行业与跨区域的产出影响效应。然而逆全球化冲击不仅会降低中间品流动规模还会提高中间品的购进成本，而中间品购进成本的提高也可以产生进一步的波及效应。为此，本章通过理论分析和实证检验，研究上游行业贸易保护对本国（地区）产出的影响，通过严谨的回归分析来验证这一机制。一方面，在众多逆全球化措施中，贸易保护是提高中间品购进成本最为重要的措施；另一方面，一国（地区）对外发起的贸易保护措施对本国（地区）下游产出的影响体现了逆全球化的波及效应。

一国（地区）实施贸易保护的初衷在于促进本国（地区）经济的复苏与增长，但是宏观层面的实证研究发现，贸易保护不仅不会对本国（地区）的经济增长产生显著刺激作用，甚至会抑制本国（地区）经济增长（吴昊、陈娟，2017；王宇、王铮，2018；Potrafke et al.，2020）。为什么会存在这一反差？行业间的溢出效应可能是其重要原因。贸易保护措施的实施在保护特定行业的同时，对其他行业产生了不利的影响，从而在整体层面上呈现出贸易保护降低了本国（地区）的总产出。那么，为什么贸易保护对产出的影响存在行业间溢出，现有文献认为这可能与制造业产品和服务业产品的替代关系（Li and Whalley，2021）以及行业的投入产出关联（齐鹰飞、LI，2019；刘维林等，2020）有关，但是这些文献并未对以上原因进行严格的识别，只是进行了简单说明。事实上，跨国的垂直供应链的生产模式是这一行业间溢出效应产生的原因之一。在全球垂直专业化分工体系下，各国（地区）的产业之间存在密切的上下游联动关系，本国（地区）上游行业的特征对下游行业的生产具有显著的影响（刘瑞明、石磊，2011；王永进、施炳展，2014；刘灿雷、王永进，2019）。因此，本国（地区）实施的贸易保护措施可能对本国（地区）处于下游行业的产出产生重要影响。鉴于此，本章首先通过拓展异质性企业贸易模型，从理论上分析了上游行业贸易保护对本国（地区）产出的影响及其差异化特征；其次利用 2009~2014 年全球贸易预警数据库与世界投入产出数据库的合并数据计算了纳入各类贸易保护措施的上游行业贸易保护程度，在此基础上对研究假说进行验证；最后进一步分析了上游行业各类贸易保护措施影响产出的差异化特征。

第一节　全球上游行业贸易保护的特征事实

一　上游行业贸易保护的测算方法

与现有文献一致（王永进、施炳展，2014；刘灿雷、王永进，2019；Brown 等，2021），本章以行业间的投入产出关系来界定上游行业。因此可以使用以下公式来测度上游行业的贸易保护程度：

$$UP_{mit} = \sum_{dj} \left(\theta_{mi}^{nj} \times \sum_{h \in j} protect_{mt}^{nh} \right) \tag{4-1}$$

在式（4-1）中，θ_{mi}^{nj} 表示来自 n 国（地区）j 行业的中间投入占 m 国（地区）i 行业总中间投入的比重，其中，使用 WIOD 数据库中 2009 年的全球投入产出数据计算 θ_{mi}^{nj}。[①] $protect_{mt}^{nh}$ 为在 t 年 m 国（地区）实施的影响 n 国（地区）h 产品（HS6 位）的贸易保护措施次数，相关数据来自 2009~2020 年的 GTA 数据库。

二 全球上游行业贸易保护的事实描述

（一）总体层面

图 4-1 报告了 2009~2020 年全球上游行业贸易保护程度。从图 4-1 可以看到，2009~2020 年，全球上游行业贸易保护程度呈现周期性波动趋势。2009~2015 年，全球上游行业贸易保护程度由 2009 年的 0.4631 下降至 2010 年的 0.3042，然后上升至 2015 年的 0.7331。这可能是因为在国际金融危机期间各国（地区）为了刺激本国（地区）经济发展倾向于实施更多的贸易保护措施，因此在 2009 年全球上游行业的贸易保护程度较高；但随着国际金融危机的逐步消散，各国（地区）通过实施贸易保护稳定本国（地区）经济的动机减少，因此在 2010 年全球上游行业的贸易保护程度开始下降；由于在金融危机后全球经济持续疲软加之欧盟债务危机等因素的影响，各国（地区）发现其经济始终难以恢复到金融危机前的增长水平，因此又开始实施更多贸易保护意图刺激本国（地区）经济增长，故此在 2011~2015 年全球上游行业贸易保护程度持续上升。

图 4-1 还显示，2016~2017 年全球上游行业贸易保护程度有所下降，但是在 2018 年全球上游行业贸易保护程度急剧上升，2019~2020 年全球上游行业贸易保护程度又再次下降。可能的原因是，其一，2016~2017 年全球经济有所复苏，2017 年全球 GDP 增长率为 3.39%，是 2011~2017 年全球经济增速最快的一年，因此在 2016~2017 年全球上游行业的贸易保护程度有所下降。其二，在 2018 年美国以国家安全为由，对钢铁、铝产品和汽车及其零部件等多种进口产品加征关税，引发其他贸易伙伴采取反制措施而导致全球范围的贸易摩擦不断升级，造成了 2018 年全球上游行业贸易保

[①] 这里使用基于 WIOD 数据库的投入产出数据计算 θ_{mi}^{nj}，一是因为相对于其他投入产出数据，WIOD 数据库投入产出数据的部门分类更加细致（56 个）；二是因为 WIOD 数据库不仅展示了国家间的投入产出联系，还报告了国家-行业层面的劳动力、资本等生产信息，而这些信息在下文进行实证分析时会被用到。

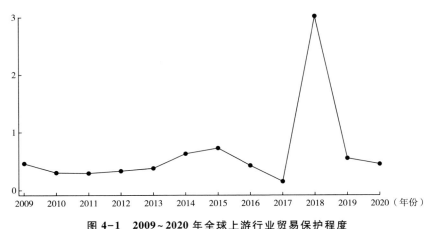

图 4-1　2009~2020 年全球上游行业贸易保护程度

资料来源：笔者基于世界投入产出数据库（WIOD）与全球贸易预警数据库（GTA）计算而成。

护程度的急剧上升，到了 2019~2020 年全球上游行业贸易保护程度又回到往年的正常水平。

（二）行业层面

从行业大类看，各大类行业上游行业贸易保护程度的水平值和变动幅度存在一定差异（见表 4-1）。① 就上游行业贸易保护程度的水平值而言，2020 年农林渔业、采掘业、低技术制造业、中技术制造业、高技术制造业、贸易和运输业、邮电金融和商务服务业及其他服务业的上游行业贸易保护程度分别为 0.0799、0.5500、0.3215、0.3555、1.9636、0.0766、0.0908 和 0.1584，很显然，高技术制造业的上游行业贸易保护程度最高，其次为采掘业和中技术制造业。就上游行业贸易保护程度的变动幅度而言，2009~2020 年农林渔业、采掘业、低技术制造业、中技术制造业、高技术制造业、贸易和运输业、邮电金融和商务服务业及其他服务业的上游

---

① 在 WIOD 数据库中，对所有制造业进行如下分类：高技术制造业包括化工及其制品业、其他运输设备制造业、电气设备制造业、计算机电子和光学设备制造业、基础药品及药物制剂制造业、汽车拖车和半挂车制造业、未另分类的机械设备制造业；中技术制造业包括金属制品业、基本金属制造业、橡胶及塑料制品业、其他非金属矿产制品；低技术制造业包括纺织、服装和皮革制品业，家具与其他制造业，造纸及纸制品业，记录媒体的打印和复印业，木材及木制品业，炼焦及石油加工业，食品、饮料和烟草制品业。

行业贸易保护程度的变动幅度分别为 -41.54%、10.96%、-11.39%、-3.82%、-0.45、-17.12%、10.92% 和 5.54%，很显然，2009~2020 年大部分大类行业的上游行业贸易保护程度呈下降的态势，但是采掘业、邮电金融和商务服务业及其他服务业这三大行业的上游行业贸易保护程度却呈现上升的态势。

表 4-1　2009 年与 2020 年各大类行业上游行业贸易保护程度

行业类别	2009 年	2020 年	2009~2020 年变动幅度（%）
农林渔业	0.1367	0.0799	-41.54
采掘业	0.4957	0.5500	10.96
低技术制造业	0.3629	0.3215	-11.39
中技术制造业	0.3696	0.3555	-3.82
高技术制造业	1.9725	1.9636	-0.45
贸易和运输业	0.0924	0.0766	-17.12
邮电金融和商务服务业	0.0819	0.0908	10.92
其他服务业	0.1501	0.1584	5.54

资料来源：笔者基于世界投入产出数据库（WIOD）与全球贸易预警数据库（GTA）计算而成。

从各个细分行业看，其上游行业贸易保护程度的水平值和变动幅度存在一定差异（见表 4-2）。就上游行业贸易保护程度的水平值而言，2020 年上游行业贸易保护程度排名前五的行业是基本金属制造业（4.2751）、金属制品业（4.0740）、电气设备制造业（3.1186）、未另分类的机械设备制造业（2.3459）、汽车拖车和半挂车制造业（1.3173）；2020 年上游行业贸易保护程度排名靠后的五大行业是金融和保险的附属服务（0.0049），出版业（0.0151），保险、再保险和养老金（强制社会保障除外）（0.0153），电影、录像、电视节目、录音、音乐出版与制作（0.0303），邮政和快递业（0.0462）。就上游行业贸易保护程度的变动幅度而言，2009~2020 年上游行业贸易保护程度上升幅度排名前五的行业是房地产业、行政和辅助服务、金融服务业（除保险和养老金）、公共管理和治安及强制社会保障、电信业；2009~2020 年上游行业贸易保护程度下降幅度排名靠前的五大行业是基础药品及药物制剂制造业，出版业，机器设备的

修理和安装业，金融和保险的附属服务，电影、录像、电视节目、录音、
音乐出版与制作。

表 4-2　2009 年与 2020 年各细分行业上游行业贸易保护程度

细分行业	2009 年	2020 年
农业	0.1711	0.1106
林业	0.1154	0.0630
渔业	0.1236	0.0661
采掘业	0.4957	0.5500
食品、饮料与烟草制造业	0.2094	0.1438
纺织、服装与皮革制品业	0.4930	0.4053
木材及其制品业（家具除外）	0.1503	0.1591
造纸及纸制品业	0.1973	0.1424
记录媒介的打印和复印业	0.1334	0.0981
炼焦及石油加工业	0.4480	0.3899
化工及其制品业	0.2631	0.1985
基础药品及药物制剂制造业	0.2385	0.0753
橡胶及塑料制品业	0.3758	0.3744
其他非金属矿物制品业	0.3635	0.3366
基本金属制造业	4.2532	4.2751
金属制品业	4.0481	4.0740
计算机电子和光学设备制造业	1.2308	1.0804
电气设备制造业	3.1655	3.1186
未另分类的机械设备制造业	2.2746	2.3459
汽车拖车和半挂车制造业	1.1985	1.3173
其他运输设备制造业	1.0806	1.1871
家具制品与其他制造业	1.1523	1.1834
机器设备的修理和安装业	0.1192	0.0502
电力、燃气、暖气和冷气供应业	0.2571	0.2259
水收集、处理和供应业	0.2657	0.2923
污水与废料的收集处理业	0.2670	0.2988
建筑业	0.3735	0.3965
批发零售业与汽车和摩托车的修理	0.1027	0.0954
批发贸易（汽车和摩托车除外）	0.0900	0.0673
零售贸易（汽车和摩托车除外）	0.0805	0.0703

细分行业	2009 年	2020 年
陆运和管道运输	0.1628	0.1561
水运	0.1377	0.1426
空运	0.0799	0.0664
仓储和运输辅助服务	0.0951	0.0828
邮政和快递业	0.0510	0.0462
住宿和餐饮服务业	0.1094	0.0698
出版业	0.0420	0.0151
电影、录像、电视节目、录音、音乐出版与制作	0.0652	0.0303
电信业	0.1986	0.2741
计算机编程，咨询及相关服务；信息服务业	0.0962	0.1018
金融服务业（除保险和养老金）	0.0351	0.0514
保险、再保险和养老金（强制社会保障除外）	0.0114	0.0153
金融和保险的附属服务	0.0106	0.0049
房地产业	0.0522	0.1207
法律和会计服务；总部活动；管理咨询服务	0.0657	0.0552
建筑和工程服务业；技术测试和分析服务	0.1040	0.1385
科学研究和开发	0.1136	0.0896
广告和市场研究	0.0723	0.0647
其他的专业、科学、技术等服务；兽医	0.1114	0.1125
行政和辅助服务	0.0822	0.1275
公共管理和治安；强制社会保障	0.0892	0.1295
教育	0.0634	0.0601
卫生和社会工作	0.1958	0.0955
其他服务	0.1055	0.1166

资料来源：笔者基于世界投入产出数据库（WIOD）与全球贸易预警数据库（GTA）计算而成。

（三）国家（地区）层面

各类型国家（地区）上游行业贸易保护程度的水平值和变动幅度存在一定差异（见表4-3）。就上游行业贸易保护程度的水平值而言，2020 年

OECD 国家（地区）、其他高收入国家（地区）、中高收入国家（地区）、中低收入国家（地区）、低收入国家（地区）的上游行业贸易保护程度分别为 0.7093、0.0029、0.2350、0.1549、0.9013，很显然，低收入国家（地区）的上游行业贸易保护程度最高，其次为 OECD 国家（地区）。2009~2020 年 OECD 国家（地区）、其他高收入国家（地区）、中高收入国家（地区）、中低收入国家（地区）、低收入国家（地区）的上游行业贸易保护程度的变动幅度分别为 -3.99%、-63.09%、21.98%、-46.94%、44.57%，很显然，2009~2020 年低收入国家（地区）和中高收入国家（地区）的上游行业贸易保护程度呈增长的态势，特别是低收入国家（地区）的上游行业贸易保护程度在 2009~2020 年增长了 44.57%，其他类型国家（地区）的上游行业贸易保护程度呈下降的态势。

表 4-3　2009 年和 2020 年各类型国家（地区）上游行业贸易保护程度

国家（地区）类型	2009 年	2020 年	2009~2020 年变动幅度（%）
OECD 国家（地区）	0.7388	0.7093	-3.99
其他高收入国家（地区）	0.0077	0.0029	-63.09
中高收入国家（地区）	0.1926	0.2350	21.98
中低收入国家（地区）	0.2919	0.1549	-46.94
低收入国家（地区）	0.6234	0.9013	44.57

资料来源：笔者基于世界投入产出数据库（WIOD）与全球贸易预警数据库（GTA）计算而成。

从各个具体国家（地区）看，其上游行业贸易保护程度的水平值和变动幅度存在一定差异（见表 4-4）。就上游行业贸易保护程度的水平值而言，2020 年上游行业贸易保护程度排名前五的国家（地区）是美国（14.9402）、土耳其（1.7450）、俄罗斯（0.9738）、印度（0.9013）、巴西（0.5147）；2020 年上游行业贸易保护程度排名靠后的五个国家（地区）是挪威（0.0001）、瑞士（0.0001）、马耳他（0.0002）、日本（0.0006）、斯洛伐克（0.0007）。就上游行业贸易保护程度的变动幅度而言，2009~2020 年上游行业贸易保护程度上升幅度排名前五的国家是巴西、澳大利亚、土耳其、俄罗斯、加拿大；2009~2020 年上游行业贸易保护程度下降幅度排名靠前的五个国家是瑞士、斯洛伐克、印度尼西亚、捷克、克罗地亚。

表 4-4　2009 年与 2020 年各个国家上游行业贸易保护程度

国家（地区）	2009 年	2020 年
澳大利亚	0.0009	0.0096
奥地利	0.0340	0.0020
比利时	0.1338	0.0196
保加利亚	0.0191	0.0025
巴西	0.0313	0.5147
加拿大	0.2415	0.5141
瑞士	0.0205	0.0001
中国	0.1663	0.0760
塞浦路斯	0.0060	0.0036
捷克	0.0760	0.0023
德国	0.1166	0.0126
丹麦	0.0266	0.0056
西班牙	0.0466	0.0075
爱沙尼亚	0.0100	0.0109
芬兰	0.0492	0.0051
法国	0.1018	0.0098
英国	0.0937	0.0154
希腊	0.0147	0.0024
克罗地亚	0.0320	0.0012
匈牙利	0.0560	0.0032
印度尼西亚	0.9508	0.0263
印度	0.6234	0.9013
以色列	0.0425	0.0118
意大利	0.0528	0.0065
日本	0.0035	0.0006
韩国	0.0263	0.0093
立陶宛	0.0283	0.0014
卢森堡	0.0009	0.0010
拉脱维亚	0.0033	0.0029

续表

国家（地区）	2009 年	2020 年
墨西哥	1.4193	0.0712
马耳他	0.0024	0.0002
荷兰	0.1283	0.0203
挪威	0.0005	0.0001
波兰	0.0689	0.0052
葡萄牙	0.0110	0.0056
罗马尼亚	0.0191	0.0021
俄罗斯	0.3226	0.9738
斯洛伐克	0.0587	0.0007
斯洛文尼亚	0.0148	0.0047
瑞典	0.0448	0.0067
土耳其	0.2174	1.7450
美国	15.0632	14.9402

资料来源：笔者基于世界投入产出数据库（WIOD）与全球贸易预警数据库（GTA）计算而成。

第二节　上游行业贸易保护影响本国（地区）产出的理论分析

本章通过拓展 Melitz（2003）所开发的异质性企业贸易模型，从理论上阐述上游行业贸易保护对本国（地区）产出的影响，主要有两方面的原因：其一，已经有一些文献通过拓展异质性企业贸易模型刻画了上游贸易政策对下游企业生产的影响（Fan 等，2015），这为本章的研究提供了有益的启发；其二，在异质性企业贸易模型中，当给出企业的生产率分布后，可以非常简洁地将企业层面生产特征加总到行业层面，便于分析上游行业贸易保护对各行业产出的影响。在本章的理论模型中，国外中间品作为企业生产过程中所使用的重要投入品，本国（地区）实施的上游行业贸易保护提高了企业所使用中间品的购进价格，而企业中间品购进价格的提高，又通过两个渠道抑制行业的产出。一方面，企业中间品购进价格的提高迫使存续企业提高产品价格、降低产出，同时也降低了存续企业劳动力需求；另一方面，企业中间品购进价格的提高可能使得企业营业利润为负，进而促使低效率企业退出市场，造成行业的产出下降与工人失业。

一　基本假设

（一）消费者行为假设

假设消费者的消费偏好具有替代弹性不变的特征，其效用函数的表达式为：

$$U = \left[\int_{a \in \Omega} q(a)^{\frac{\sigma-1}{\sigma}} \mathrm{d}a \right]^{\frac{\sigma}{\sigma-1}} \tag{4-2}$$

在式（4-2）中，a 代表异质性的产品，$q(a)$ 代表消费者对产品的需求量，Ω 代表市场所有异质性产品的组合，σ 表示异质性产品间的替代弹性，$\sigma>1$。通过拉格朗日法可以求解出消费者效应最大化时其对产品 a 的需求，即产品 a 的需求函数：

$$q(a) = \frac{A}{P^{1-\sigma}} p(a)^{-\sigma} \tag{4-3}$$

在式（4-3）中，$p(a)$ 表示产品 a 的市场价格，A 表示消费者购买所有差异化产品的总支出，$P = \left[\int_{a \in \Omega} p(a)^{1-\sigma} \mathrm{d}a \right]^{\frac{1}{1-\sigma}}$ 代表涵盖所有产品的总体价格水平。根据式（4-3）可知，产品的价格越低，消费者对其的需求量越大；消费者的支出水平越高，消费者对任意产品的需求量越大；总体价格水平越高，消费者对任意产品的需求量越大。

（二）企业行为假设

假设企业使用劳动（L）和中间品（M）两种生产要素完成生产，其生产函数的表达式为：

$$Q = \lambda \varphi L^{1-\mu} M^{\mu} \tag{4-4}$$

在式（4-4）中，$\mu \in (0, 1)$，$\lambda = \mu^{-\mu}(1-\mu)^{\mu-1}$ 为常数，φ 表示企业的全要素生产率。假设在生产要素市场上，企业是生产要素价格的接受者，令 w 代表单位劳动的价格，p_m 代表中间品的购进价格。借鉴 Fan 等（2015）的思路，将中间品 M 的表达式写为：

$$M = \Psi \exp\left[\int_0^\infty b(k) \ln m(k) dk\right] \qquad (4-5)$$

在式（4-5）中，$\Psi = \exp\left[\int_0^\infty b(k) \ln b(k) dk\right]$，$\int_0^\infty b(k) dk = 1$。$m(k)$ 为企业对中间品 k 的投入量，$b(k)$ 为企业对中间品 k 的投入量占其中间品总投入的份额。根据式（4-5）可以把中间品购进价格 p_m 的表达式写为：

$$p_m = \exp\left[\int_0^\infty b(k) \ln c_m(k) dk\right] \qquad (4-6)$$

在式（4-6）中，$c_m(k)$ 为经过质量调整的中间品 z 的购进价格，$c_m(k)$ 越大意味着中间品 z 的购进价格越高。对于所有的中间品，厂商既可以选择从境内采购也可以选择从境外采购，将所有中间品境外采购价格与境内采购价格的比值进行排序，中间品 k 的数值越小表示境外采购价格与境内采购价格的比值越小，即厂商境外采购该中间品的性价比越高。因此，中间品购进价格 p_m 又可以被表示为：

$$p_m = \exp\left[\int_0^{k_*} b(k) \ln \tau \, c_m^f(k) dk + \int_{k_*}^\infty b(k) \ln c_m^d(k) dk\right] \qquad (4-7)$$

在式（4-7）中，τ 为本国（地区）实施贸易保护所引致的中间品进口成本，令 s 表示上游行业贸易保护程度，因此 $\frac{\partial \tau}{\partial s} > 0$。$k_*$ 表示中间品中境外要素的临界值，k_* 满足 $\tau \, c_m^f(k_*) = c_m^d(k_*)$，易知，$\frac{\partial k_*}{\partial s} < 0$。式（4-7）两边同时对 s 求导数，可得：

$$\frac{\partial p_m}{\partial s} = \frac{p_m}{\tau} \int_0^{k_*} b(k) \, c_m^f(k) dk \frac{\partial \tau}{\partial s} > 0 \qquad (4-8)$$

很显然，式（4-8）显示，上游行业贸易保护程度的提高提升了企业的中间品购进价格。在设定完企业的生产特征后，下面以此对企业的生产行为进行分析。通过拉格朗日法可以求解出企业成本最小化时的边际成本（MC）：

$$MC = \frac{p_m^{\mu} \, w^{1-\mu}}{\varphi} \tag{4-9}$$

通过拉格朗日法可以求解出企业利润最大化时的定价函数（p）和生产率临界值（φ_*）：

$$p = \frac{\sigma}{\sigma - 1} \frac{p_m^{\mu} \, w^{1-\mu}}{\varphi} \tag{4-10}$$

$$\varphi_* = \frac{\sigma}{\sigma - 1} \frac{p_m^{\mu} \, w^{1-\mu}}{\varphi} \left(\frac{f\sigma}{B}\right)^{\frac{1}{\sigma-1}} \tag{4-11}$$

在式（4-11）中，f 表示企业生产的固定成本。易知，$\dfrac{\partial \varphi_*}{\partial s} = \dfrac{\partial \varphi_*}{\partial p_m}$

$\dfrac{\partial p_m}{\partial s} > 0$，即上游行业贸易保护程度的提高提升了企业进入的生产率临界值。根据式（4-3）、式（4-9）与式（4-10），可以将企业的产出函数改写为：

$$Q = \frac{A}{P^{1-\sigma}} \varphi^{\sigma} \left(\frac{\sigma}{\sigma - 1}\right)^{-\sigma} p_m^{-\sigma\mu} \, w^{(\mu-1)\,\sigma} \tag{4-12}$$

其中，$Z = (1 - \mu) \left(\dfrac{\sigma}{\sigma - 1}\right)^{\sigma} \dfrac{B}{P^{1-\sigma}}$ 是一个大于零的常数。

（三）行业层面的加总

为了求出行业层面的总产出和总的劳动力需求，借鉴 Melitz（2003）、Helpman 等（2004）、Chaney（2008）的假设，令整个行业企业的生产率呈帕累托分布，整个行业企业生产率的累计分布函数为 $G(\varphi) = 1 - \left(\dfrac{b}{\varphi}\right)^{v}$，其中，$b$ 为企业生产率的最小取值，$v > b - 1$。令 $g(\varphi) = \dfrac{\partial G(\varphi)}{\partial \varphi}$，因此存续企业生产率分布的概率密度为：

$$\mu(\varphi) = \begin{cases} \dfrac{g(\varphi)}{1 - G(\varphi_*)} & , \quad \varphi \geqslant \varphi_* \\ 0 & , \quad \varphi < \varphi_* \end{cases} \tag{4-13}$$

根据存续企业生产率分布的概率密度，可以求得行业平均的生产率

($\widetilde{\varphi}$)、行业总产出（Q_{ind}）、行业总的拉动力需求（L_{ind}）：

$$\widetilde{\varphi} = \left[\int_0^\infty \varphi^{\sigma-1} \mu(\varphi) \, \mathrm{d}\varphi \right]^{\frac{1}{\sigma-1}} \quad (4-14)$$

$$Q_{ind} = \int_{\varphi_*}^\infty \frac{A}{P^{1-\sigma}} \varphi^\sigma \left(\frac{\sigma}{\sigma-1} \right)^{-\sigma} p_m^{-\sigma\mu} w^{(\mu-1)\sigma} \mu(\varphi) \, \mathrm{d}\varphi \quad (4-15)$$

二　比较静态分析

为了分析上游行业贸易保护对产出的影响，令式（4-14）和式（4-15）两边同时对 s 求偏导，可得：

$$\frac{\partial Q_{ind}}{\partial s} = \underbrace{\int_{\varphi_*}^\infty -\sigma\mu \frac{A}{P^{1-\sigma}} \varphi^\sigma \left(\frac{\sigma}{\sigma-1} \right)^{-\sigma} p_m^{-\sigma\mu-1} w^{(\mu-1)\sigma} \mu(\varphi) \, \mathrm{d}\varphi \frac{\partial p_m}{\partial s}}_{\text{上游行业贸易保护对存续企业的影响}} - $$

$$\underbrace{\frac{A}{P^{1-\sigma}} \left(\frac{\sigma}{\sigma-1} \right)^{-\sigma} \varphi_*^{v+\sigma} p_m^{-\sigma\mu} w^{(\mu-1)\sigma} v \varphi^{-v-1} \frac{\partial \varphi_*}{\partial p_m} \frac{\partial p_m}{\partial s}}_{\text{上游行业贸易保护对企业退出的影响}} \quad (4-16)$$

易知，$\dfrac{\partial Q_{ind}}{\partial s} < 0$，即上游行业贸易保护对产出具有抑制效应。之所以会有这样的结果，原因是，一方面，上游行业贸易保护通过企业的中间品购进成本，迫使存续企业提高产品价格，进而降低存续企业产出和劳动力需求[由式（4-16）右侧第一部分反映出]；另一方面，上游行业贸易保护通过提高企业的中间品购进成本，使得部分低生产率的企业利润为负，促使这些低生产率的企业退出市场，造成行业产出规模的降低[由式（4-16）右侧第二部分反映出]。由此，可以提出以下两个命题。

命题 4-1：上游行业贸易保护对本国（地区）产出具有抑制效应。

命题 4-2：提高中间品购进成本是上游行业贸易保护抑制本国（地区）产出的重要机制。

根据式（4-16）还可以得到，$\dfrac{\partial^2 Q_{ind}}{\partial s \partial \widetilde{\varphi}} < 0$。这表明，随着行业总体生产率的提高，上游行业贸易保护对本国（地区）产业的抑制效应变得更加明显。产生这一结论的经济学逻辑是，行业总体生产率越高，意味着在该行

业内企业的边际成本中中间品购进价格所占比重越高[见式（4-9）]，因此上游行业贸易保护通过提高中间品购进成本对企业生产成本的冲击越大，进而上游行业贸易保护对本国（地区）产出产生的抑制效应也就更加明显。由此，提出以下命题。

命题 4-3：行业的生产率越高，上游行业贸易保护对本国（地区）产出的抑制效应越明显。

第三节　上游行业贸易保护影响本国（地区）产出的模型设定

一　回归模型

为了检验上游行业贸易保护对本国（地区）产出的影响，建立如下回归方程：

$$Y_{cit} = \alpha \, UP_{cit-1} + \gamma X_{cit-1} + \eta_{ct} + \eta_{it} + \mu_{cit} \qquad (4\text{-}17)$$

在式（4-17）中，下标 c 代表国家（地区）、下标 i 表示行业、下标 t 代表年份。Y 为被解释变量，表示各行业的产出；UP 为核心解释变量，代表上游行业贸易保护程度，其计算方法见式（4-1）；X 为其他可能影响行业产出的控制变量集；η_{ct} 为国家（地区）×年份的固定效应，用以控制国家（地区）×年份层面的因素，如资源禀赋、宏观经济波动等对产出的影响；η_{it} 为行业×年份的固定效应，用以控制行业×年份层面的因素，如行业技术革新等对产出的影响；μ_{cit} 为随机误差项。已有研究指出，刺激产出和保护就业是一国（地区）推行贸易保护政策的重要动因（梁俊伟、代中强，2015；Rogowsky、张丽娟，2018），因此产出和贸易保护之间可能存在联立关系。为此，将所有解释变量进行滞后 1 期处理。

二　变量选取

1. 解释变量的选取

在式（4-17）中被解释变量为各行业的产出。使用以 2009 年为基期的实际 GDP 的对数值（ln_gdp）表征行业的产出。

2. 控制变量的选取

主要选取以下五个控制变量。

第一，下游行业贸易保护程度（DOWN）。既然上游行业贸易保护可以影响本国（地区）的产出，那么下游行业贸易保护也可能影响本国（地区）的产出①。下游行业贸易保护程度的测度方法为：

$$DOWN_{mit} = \sum_{dj} \left(\gamma_{mi}^{nj} \times \sum_{h \in j} protect_{mt}^{nh} \right) \qquad (4-18)$$

在式（4-18）中，γ_{mi}^{nj} 表示 m 国（地区）i 行业的产出中被 n 国（地区）j 行业作为中间品使用的部分占 m 国（地区）i 行业总产出的比重，用以刻画 m 国（地区）i 行业对 n 国（地区）j 行业的下游依赖度，其中，使用 WIOD 数据库中 2009 年的全球投入产出表计算 γ_{mi}^{nj}；$protect_{mt}^{nh}$ 为在 t 年 m 国（地区）实施的影响 n 国（地区）h 产品（HS6 位）的贸易保护措施次数。

第二，全要素生产率（TFP）。使用 LP 方法估计出国家（地区）-行业层面的全要素生产率。其中，在使用 LP 方法估计全要素生产率时，用各行业以 2009 年为基期实际增加值的对数值为产出变量，用各行业聘用人数的对数值（ln_emp）为自由变量，用各行业以 2009 年为基期中间投入的对数值为近似变量，用各行业以 2009 年为基期资本存量的对数值为资本变量。

第三，资本密集度（KL）。使用各行业资本存量与聘用人数比值的对数值来衡量资本密集度。

第四，本行业贸易保护程度（HOR）。使用 c 国家（地区）实施的影响他国家（地区）i 行业的贸易保护措施数量来衡量本行业贸易保护程度。

第五，境外对本行业的贸易保护程度（FOR）。使用境外实施的影响 c 国家（地区）i 行业的贸易保护措施数量来衡量境外对本行业的贸易保护程度。

---

① 相对于上游行业贸易保护，下游行业贸易保护对产出和就业的影响链条会更长，下游行业贸易保护可能通过降低本国（地区）对他国（地区）下游行业的需求进而影响他国（地区）下游行业的产出，而他国（地区）下游行业的产出又进一步影响其对本国（地区）中间品的需求，进而影响本国（地区）的就业和产出。

　　本章用到的贸易保护措施的数据来自全球贸易预警数据库（GTA），除特殊说明外，本章用到的其他数据来自世界投入产出数据库（WIOD）。据此得到本章的研究样本，包括 2010~2014 年 42 个国家（地区）54 个行业共 10466 个观测值①。表 4-5 给出了回归分析所用的主要变量的描述性统计。

表 4-5　变量的描述性统计

变量名	变量含义	平均值	标准差	最小值	最大值
$\ln\_gdp$	实际 GDP 取对数	10.0780	3.2675	-0.2714	21.4926
L. UP	上游行业贸易保护程度滞后 1 期	0.5093	6.3506	0.0000	225.9641
L. DOWN	下游行业贸易保护程度滞后 1 期	0.1379	2.1739	0.0000	104.8290
L. TFP	全要素生产率滞后 1 期	2.9478	1.2566	-1.6720	9.0759
L. KL	资本密集度滞后 1 期	4.0245	2.2898	-4.1046	13.7470
L. HOR	本行业贸易保护程度滞后 1 期	27.1644	872.6626	0.0000	50369.0000
L. FOR	境外对本行业的贸易保护程度滞后 1 期	80.4560	730.6802	0.0000	19701.0000

资料来源：笔者整理而成。

　　在进行回归分析之前，先通过散点图的形式直观地观察上游行业贸易保护程度和产出的关系。图 4-2 展示了上游行业贸易保护程度与产出的散点图，可以看到，上游行业贸易保护程度和产出展现出一种正相关的关系。这样的结果可能是图 4-2 未控制与上游行业贸易保护程度、产出同时相关的变量引起的。例如，在制度质量较高的国家（地区），一方面，其产出更快的增长；另一方面，就业保护制度的建立（比如工会）会使得这些国家（地区）更有动机实施贸易保护措施，上游行业贸易保护程度和产出就可能在图上表现出一种正相关的关系。因此，在图 4-3 中画出上游行业贸易保护程度与控制住国家（地区）×年份和行业×年份固定效应的产出的散点图②。图 4-3 显示，此时上游行业贸易保护程度和产出表现出一种

---

　　① GTA 数据库的数据是从 2008 年末开始有记录的，而 WIOD 数据库的数据仅更新至 2014 年，同时考虑到本章在进行实证分析时将所有解释变量进行滞后 1 期处理，因此将样本区间定为 2010~2014 年。

　　② 具体做法是以产出（$\ln\_gdp$）为被解释变量，以国家（地区）×年份和行业×年份的固定效应为解释变量进行回归，得出产出的残差项即为控制住国家（地区）×年份和行业×年份固定效应的产出。

微弱负相关的关系，这一方面与前文理论分析的结论一致，另一方面也证明了在回归中控制国家（地区）×年份和行业×年份固定效应的重要性①。

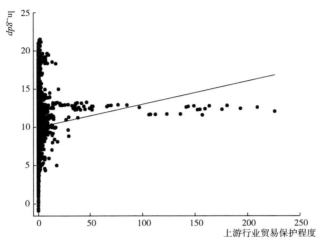

图 4−2　上游行业贸易保护程度与产出的散点图

资料来源：笔者绘制而成。

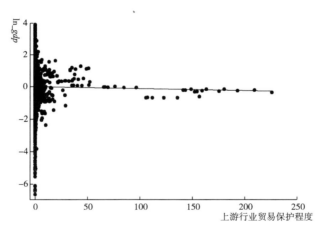

图 4−3　上游行业贸易保护程度与控制国家（地区）×年份和行业×年份固定效应的产出的散点图

资料来源：笔者绘制而成。

---

① 当控制住国家（地区）×年份和行业×年份固定效应的结论与未控制住国家（地区）×年份和行业×年份固定效应的结论不一致时，我们认为控制住国家（地区）×年份和行业×年份固定效应的结论是更可靠的，因为控制住国家（地区）×年份和行业×年份固定效应后，回归模型的内生性问题更加不容易发生。

第四节　上游行业贸易保护影响本国（地区）产出的实证结果

一　基准回归结果

表4-6报告了基于式（4-17）的估计结果。第（1）至（3）列检验了上游行业贸易保护对本国（地区）产出的影响。在第（1）列中仅控制住国家（地区）×年份固定效应和行业×年份固定效应，未纳入任何控制变量，其显示，L. *UP* 的估计系数在5%的水平下显著为负，表明上游行业贸易保护显著地抑制了本国（地区）的产出。在第（2）列中进一步控制下游行业贸易保护程度，可以看到，下游行业贸易保护对产出的影响不显著，而上游行业贸易保护对产出的抑制效应仍然显著。在第（3）至（6）列中逐步纳入其他控制变量，结果显示，L. *UP* 的估计系数较第（1）列进一步减小，并且依然非常显著，上游行业贸易保护对本国（地区）产出的抑制效应进一步得到证明。至此，命题4-1得到验证。

其他控制变量也对产出产生了重要影响。就产出而言，第一，L. *TFP* 的估计系数显著为正，表明全要素生产率越高的行业，产出增长越快，这可能是因为全要素生产率越高的行业其生产的产品质量越高，价格越低（Verhoogen，2008；Fan 等，2015），进而更能引致消费者需求的增长。第二，L. *KL* 的估计系数为正，说明资本密集度越高的行业，产出增长越快，这可能是因为资本密集度高的行业大量使用机器进行生产，在保证产品质量的同时降低了产品的价格，进而引致更多的需求。第三，L. *HOR* 的估计系数显著为正，表明本国（地区）实施的贸易保护措施的确可以在一定程度上刺激产出，但是这一正向刺激效应较小。第四，L. *FOR* 的估计系数显著为正，说明境外实施的贸易保护措施反而增加了本国（地区）的产出，这可能是因为当本行业遭受境外贸易保护时积极地进行技术与产品升级（高新月、鲍晓华，2020），进而引发了本国（地区）产出更快增长。

表 4-6 基准回归结果

变量名	（1）	（2）	（3）	（4）	（5）	（6）
L. UP	−0.0016 ** （−2.607）	−0.0018 ** （−2.097）	−0.0014 * （−1.716）	−0.0015 ** （−2.114）	−0.0021 *** （−3.101）	−0.0023 *** （−3.362）
L. DOWN		0.0011 （0.420）	0.0012 （0.453）	0.0018 （0.750）	−0.0024 （−0.614）	−0.0026 （−0.659）
L. TFP			0.7685 *** （29.401）	0.7286 *** （30.393）	0.7289 *** （30.376）	0.7237 *** （30.425）
L. KL				0.0717 *** （6.893）	0.0717 *** （6.895）	0.0694 *** （6.677）
L. HOR					0.0000 * （1.665）	0.0000 ** （2.453）
L. FOR						0.0001 *** （5.700）
国家（地区）× 年份	是	是	是	是	是	是
行业×年份	是	是	是	是	是	是
R^2	0.9438	0.9592	0.9578	0.9592	0.9592	0.9595
样本量	10466	10466	10466	10466	10466	10466

注：（ ）中数值为稳健 t 值，* 、** 、*** 分别代表 10%、5%、1%的显著性水平。

二 稳健性检验

基准回归的结果证明，上游行业贸易保护对本国（地区）的产出产生了显著的抑制效应。为了验证这一结果的可靠性，从四个方面进行稳健性检验。

1. 内生性问题的处理

在基准回归中已通过将解释变量滞后 1 期对模型可能存在的联立关系进行了处理。因此，仍然会导致内生性问题的原因就是遗漏变量。在基准回归中可能遗漏了一些与上游行业贸易保护、产出同时密切相关的因素，比如国际金融危机的发生、上游行业贸易自由化程度等。

第一，排除金融危机的影响。其一，金融危机的爆发必然对各国（地区）的产出产生巨大的负面冲击；其二，在金融危机的影响下，各国（地区）会更加有动机实施贸易保护政策（刘伟等，2009）。2007 年肇始于美国的金融危机逐渐蔓延到全球，给全球经济带来了巨大冲击，至 2009 年此次金融危机才逐渐退却。因此将 2010 年的数据从样本中删除①，以排除国际金融危机的影响，表 4-7 第（1）列报告了相应的估计结果。可以看到，在排除了金融危机的影响以后，L. UP 的估计系数在 1% 的水平下显著为负，即上游行业贸易保护对本国（地区）产出具有抑制效应的结论依然成立。

第二，控制上游行业贸易自由化程度。既然上游行业贸易保护会对本国（地区）的产出产生不利影响，那么上游行业贸易自由化程度也可能是影响本国（地区）产出的重要因素。如果上游行业贸易自由化程度与上游行业贸易保护措施存在很强的关联性，那么在回归中遗漏上游行业贸易自由化程度可能会造成估计的偏误②。为此，在解释变量中纳入滞后一期的上游行业贸易自由化程度（UP_G）。其中，将全球贸易预警数据库（GTA）中的绿色措施作为贸易自由化措施，借鉴式（4-1）计算出上游行业贸易自由化程度，表 4-7 第（2）列报告了相应的估计结果。可以看到，在控制住上游行业贸易自由化程度后，L. UP 的估计系数仍然显著为负。

第三，两阶段最小二乘回归（2SLS）。解决内生性问题的有效办法就是找到一些与贸易保护的实施相关但是和产出不直接相关的变量，然后进行两阶段最小二乘回归。将滞后 2 期的上游行业贸易保护程度（L2. UP）和滞后 3 期的上游行业贸易保护程度（L3. UP）作为 L. UP 的工具变量。其内在逻辑是，其一，各国（地区）贸易保护措施的实施具有惯性特征，一国（地区）倾向于使用其已经使用过的贸易保护措施，因此，L2. UP、L3. UP 与 L. UP 密切相关，事实上回归分析也证明了这一点［见表 4-7 第（3）列］；其二，滞后 2 期或滞后 3 期的贸易保护措施可能难以再对本国（地区）的产出产生显著影响，表 4-7 第（4）列的结果显示，在控制住 L. UP 后，L2. UP、L3. UP 的估计系数不显著。表 4-7 第（5）列报告了两

---

① 由于在回归中将解释变量滞后 1 期，所以 2010 年的被解释变量对应的是 2009 年的解释变量。

② 在本章的数据中，上游行业贸易保护程度与上游贸易自由化程度的相关系数为 0.0382，总体上说明上游行业贸易保护程度与上游贸易自由化程度的相关关系不强。

阶段最小二乘回归的估计结果。其显示，一方面，Kleibergen-Paap rk LM 统计量、Kleibergen-Paap rk Wald F 统计量与 Hansen J 统计量的检验结果表明模型并不存在弱工具变量、识别不足和过度识别的问题；另一方面，L. UP 的估计系数仍然在 1% 的水平下显著为负，证明上游行业贸易保护对本国（地区）产出的抑制效应仍然存在。

表 4-7　内生性问题的处理

变量名	排除金融危机的影响	控制上游行业贸易自由化程度	两阶段最小二乘回归		
	ln_gdp	ln_gdp	L. UP	ln_gdp	ln_gdp
	（1）	（2）	（3）	（4）	（5）
L. UP	−0.0025 *** (−2.982)	−0.0024 *** (−3.422)		−0.0122 (−0.923)	−0.0026 *** (−2.878)
L. DOWN	−0.0040 (−0.892)	−0.0026 (−0.653)	0.0067 (0.351)	−0.0029 (−0.549)	−0.0028 (−0.527)
L. UP_G		0.0035 (0.830)			
L2. UP			0.9057 *** (8.731)	0.0035 (0.980)	
L3. UP			0.0863 * (1.649)	0.0057 (0.425)	
L. TFP	0.7273 *** (27.655)	0.7240 *** (30.372)	0.0032 (0.228)	0.7344 *** (24.169)	0.7343 *** (24.166)
L. KL	0.0740 *** (6.248)	0.0694 *** (6.678)	0.0029 (0.449)	0.0672 *** (4.970)	0.0672 *** (4.971)
L. HOR	0.0000 *** (2.710)	0.0000 ** (2.453)	0.0001 (0.305)	0.0000 ** (2.076)	0.0000 ** (2.183)
L. FOR	0.0001 *** (5.438)	0.0001 *** (5.676)	0.0000 (1.085)	0.0001 *** (4.944)	0.0001 *** (4.957)
Kleibergen-Paap rk LM 统计量					5.224 ［0.0734］
Kleibergen-Paap rk Wald F 统计量					113.274 ｛13.43｝

续表

变量名	排除金融危机的影响	控制上游行业贸易自由化程度	两阶段最小二乘回归		
	$\ln\_gdp$	$\ln\_gdp$	$L.\,UP$	$\ln\_gdp$	$\ln\_gdp$
	（1）	（2）	（3）	（4）	（5）
Hansen J 统计量					1.814 [0.1780]
其他控制变量	是	是	是	是	是
国家（地区）×年份	是	是	是	是	是
行业×年份	是	是	是	是	是
R^2	0.9593	0.9596	0.9879	0.9590	0.2378
样本量	8386	10466	6293	6293	6293

注：（）中数值为稳健 t 值，［］内数值为相应统计量的 p 值，｛｝内数值为 Stock-Yogo 检验 10% 水平的临界值。*、**、*** 分别代表 10%、5%、1% 的显著性水平。

2. 重新测度解释变量

第一，关于上游行业依赖度的稳健性考察。其一，使上游行业依赖度（θ_{mi}^{nj}）随年份可变。在式（4-1）中，为了避免内生性问题，把 θ_{mi}^{nj} 设置为 2009 年来自 n 国（地区）j 行业的中间投入占 m 国（地区）i 行业总中间投入的比重，θ_{mi}^{nj} 是一个不随年份变动的数值。为了保证结果的稳健性，将行业间投入产出关系更换为随年份可变，即 θ_{mit}^{nj}，其表示 t 年来自 n 国（地区）j 行业的中间投入占 m 国（地区）i 行业总中间投入的比重。根据 θ_{mit}^{nj} 重新计算上游行业贸易保护程度。表 4-8 第（1）列的结果显示，在将上游行业依赖度更换为随年份可变的数据后，$L.\,UP$ 的估计系数在 5% 的水平下显著为负，证明上游行业贸易保护对本国（地区）产出的抑制效应依然存在。

其二，重新定义上游行业依赖度（θ_{mi}^{nj}）。在式（4-1）中，θ_{mi}^{nj} 表示 2009 年来自 n 国（地区）j 行业的中间投入占 m 国（地区）i 行业总中间投入的比重，为了确保结果的稳健性，将 θ_{mi}^{nj} 重新定义为 2009 年来自 n 国（地区）j 行业的中间投入占 m 国（地区）i 行业总产出的比重。根据重新

定义的 θ_{mi}^{nj}，再次计算上游行业贸易保护程度。表4-8第（2）列的结果显示，在重新定义上游行业依赖度后，L. UP 的估计系数在1%的水平下显著为负，证明上游行业贸易保护对本国（地区）产出的抑制效应依然存在。

第二，使用关税数据重构上游行业贸易保护程度。基于进口关税的变动重构上游行业贸易保护程度，其计算公式如下：

$$UPS_{cit} = \sum_{nj} (\theta_{mi}^{nj} \times tariff_{ct}^{nj}) \tag{4-19}$$

在式（4-19）中，θ_{mi}^{nj} 的含义与前文一致，$tariff_{mt}^{nj}$ 为在 t 年 m 国（地区）对 n 国（地区）j 行业设置的进口关税水平的增长量，国家（地区）间双边关税数据来自 WITS 数据库。行业层面关税增长量（$tariff_{ct}^{nj}$）的处理如下：①从 WITS 数据库中找到 2008~2014 年进口国（地区）-ISIC（Rev.3）-出口国（地区）层面的平均关税；②把 ISIC（Rev.3）产品分类标准转换为 ISIC（Rev.4）产品分类标准；③根据 ISIC（Rev.4）产品分类标准与 WIOD 数据库中的行业匹配表可以得到 2008~2014 年进口国（地区）-行业-出口国（地区）层面的平均关税；④计算 2009~2014 年进口国（地区）-行业-出口国（地区）层面关税的增长量。表4-8第（3）列的结果显示，在使用关税数据重构上游行业贸易保护程度后，L. UP 的估计系数在5%的水平下显著为负，证明上游行业贸易保护对本国（地区）产出的抑制效应依然存在。

表 4-8　重新测度解释变量

变量名	使用可变权重	重新定义上游行业依赖度	使用关税变动表征贸易保护程度
	（1）	（2）	（3）
L. UP	−0. 0019 ** （−2. 568）	−0. 0036 *** （−2. 701）	−0. 0207 ** （−3. 857）
L. DOWN	−0. 0026 （−0. 656）	−0. 0027 （−0. 700）	0. 0007 （0. 442）

续表

变量名	使用可变权重	重新定义上游行业依赖度	使用关税变动表征贸易保护程度
	（1）	（2）	（3）
L. TFP	0.7237 *** (30.426)	0.7237 *** (30.425)	0.6606 *** (16.450)
L. KL	0.0694 *** (6.676)	0.0694 *** (6.677)	0.0482 ** (3.142)
L. HOR	0.0000 ** (2.364)	0.0000 ** (2.537)	−0.0000 (−0.291)
L. FOR	0.0001 *** (5.697)	0.0001 *** (5.699)	0.0001 *** (17.981)
国家（地区）×年份	是	是	是
行业×年份	是	是	是
R^2	0.9595	0.9595	0.9603
样本量	10466	10466	4827

注：（ ）中数值为稳健 t 值，**、*** 分别代表 5%、1% 的显著性水平。

3. 重新测度被解释变量

在基准回归中，使用以 2009 年为基期的实际 GDP 的对数值（ln_gdp）表征行业的产出。为了稳健起见，使用以 2009 年为基期的实际增加值的对数值（ln_va）表征行业的产出。表 4-9 第（1）列的结果显示，在重新测度被解释变量后，L. UP 的估计系数在 5% 的水平下显著为负，证明上游行业贸易保护对本国（地区）产出的抑制效应依然存在。

4. 处理可能存在的异常值

在 WIOD 数据库中，行业的产出是被估算出来的（Timmer 等，2015），这可能会存在异常值。为此，对各行业的产出在 1% 水平下进行双边截尾和缩尾。从表 4-9 的第（2）至（3）列可以发现，L. UP 的估计系数都在 1% 的水平下显著为负，进一步证实了上游行业贸易保护对本国（地区）产出的抑制效应。

表 4-9 重新测度被解释变量与异常值的处理

变量名	重新测度被解释变量	异常值的处理	
		被解释变量双边截尾	被解释变量双边缩尾
	（1）	（2）	（3）
L. UP	-0.0017** (-2.568)	-0.0023*** (-2.701)	-0.0022*** (-2.911)
L. DOWN	-0.0002 (-0.044)	-0.0036 (-0.997)	-0.0030 (-0.783)
L. TFP	0.8617*** (36.299)	0.7099*** (29.774)	0.6946*** (30.566)
L. KL	0.0984*** (9.941)	0.0665*** (6.586)	0.0682*** (6.765)
L. HOR	0.0000 (0.900)	0.0000** (2.397)	0.0000** (2.170)
L. FOR	0.0001*** (7.437)	0.0001*** (5.504)	0.0001*** (5.745)
国家（地区）×年份	是	是	是
行业×年份	是	是	是
R^2	0.9595	0.9595	0.9654
样本量	10466	10466	10460

注：（）中数值为稳健 t 值，**、*** 分别代表 5%、1% 的显著性水平。

三 机制检验

命题 4-2 指出，上游行业贸易保护可以通过提高中间品购进成本抑制本国（地区）的产出。对此，构建如下中介效应模型验证这一命题：

$$Y_{cit} = \alpha\, UP_{cit-1} + \gamma X_{cit-1} + \eta_{ct} + \eta_{it} + \mu_{cit} \qquad (4-20)$$

$$INP_{cit} = \beta\, UP_{cit-1} + \gamma X_{cit-1} + \eta_{ct} + \eta_{it} + \mu_{cit} \qquad (4-21)$$

$$Y_{cit} = \psi\, UP_{cit-1} + \rho\, INP_{cit} + \gamma X_{cit-1} + \eta_{ct} + \eta_{it} + \mu_{cit} \qquad (4-22)$$

在式（4-21）与式（4-22）中，INP_{cit} 为中介变量，表示国家（地区）-行业层面的中间品购进成本。目前能够获得的中间品购进成本的统计数据主要是来自 WIOD 数据库中的中间投入品价格指数，中间投入价格指数上升可能意味着中间品购进成本提高。如果仅使用中间投入价格指数表征中间品购进成本，那么在估计上游行业贸易保护通过中间品购进成本影响产出规模时会存在遗漏变量问题。这是因为一国（地区）某行业的生产需要使用来自本国（地区）同行业的中间品①，因此行业产出价格指数会影响到行业中间投入品价格指数，同时行业产出价格指数也是影响企业产出决策与雇佣决策的重要因素。鉴于此，借鉴刘航和杨丹辉（2020）的方法，使用以 2009 年为基期的各行业中间投入品价格指数与产出价格指数的比值来衡量中间品购进成本，以此来剔除产出价格指数变动的影响。式（4-20）至式（4-22）其他变量的含义与式（4-17）一致。中介效应模型的思路是：首先，通过式（4-20）估计上游行业贸易保护对产出的总体影响，基准回归的结果已经证明上游行业贸易保护显著地抑制了本国（地区）的产出，即 β 小于零；其次，对式（4-21）进行估计，考察上游行业贸易保护对各行业中间品购进成本的影响，预期 UP_{cit-1} 的系数估计值 β 大于零；最后，对式（4-22）进行估计，如果 ρ 小于零，并且 ψ 大于 β，则说明中介效应存在，即上游行业贸易保护可以通过提高中间品购进成本抑制本国（地区）的产出。

表 4-10 第（1）列的结果表明，L. UP 的估计系数在 1% 的水平下显著为正，表明上游行业贸易保护显著地提高了行业的中间品购进成本。表 4-10 第（2）列的结果显示，INP 的估计系数显著为负，说明中间品购进成本的提高不利于本国（地区）产出规模的扩大，并且在控制住中间品购进成本的影响后，L. UP 估计系数的绝对值相比于基准回归有所提高，反映出上游行业贸易保护可以通过提高中间品购进成本这一渠道抑制本国（地区）的产出，命题 4-2 得到验证。为了保证机制检验结果的稳健性，使用两阶段最小二乘回归对式（4-20）至式（4-22）进行估计。与前文一致，使用滞后 2 期的上游行业贸易保护程度（L2. UP）和滞后 3 期的上游行业

---

① 通过对 2014 年世界投入产出表的整理发现，平均而言，各行业中间投入中有 11.8% 来自本国（地区）同行业。

贸易保护程度 （L3. *UP*） 作为 L. *UP* 的工具变量，表 4-10 第 （3） 至 （4）
列报告了相应的估计结果。其显示，一方面，Kleibergen-Paap rk LM 统计
量、Kleibergen-Paap rk Wald F 统计量与 Hansen J 统计量的检验结果表明模
型并不存在弱工具变量、识别不足和过度识别的问题；另一方面，L. *UP*
和 *INP* 估计系数的符号、显著性以及变动方向与表 4-10 第 （1） 至 （2）
列的结果一致，表明在考虑了可能的内生性后，上游行业贸易保护可以通
过提高中间品购进成本抑制本国 （地区） 产出这一机制仍然成立。至此，
命题 4-2 得到验证。

表 4-10 机制检验

变量名	OLS		2SLS	
	INP	ln_*gdp*	*INP*	ln_*gdp*
	（1）	（2）	（3）	（4）
L. *UP*	0. 0002 ***	-0. 0022 ***	0. 0278 ***	-0. 0025 ***
	（3. 244）	（-3. 242）	（2. 649）	（-2. 646）
L. *DOWN*	-0. 0002	-0. 0026	-0. 0002	-0. 0036
	（-0. 868）	（-0. 681）	（-0. 656）	（-0. 711）
INP		-0. 4726 ***		-0. 6327 ***
		（-4. 502）		（-5. 296）
L. *TFP*	0. 0225 ***	0. 7343 ***	0. 0292 ***	0. 7528 ***
	（8. 166）	（30. 368）	（7. 619）	（24. 113）
L. *KL*	-0. 0066 ***	0. 0663 ***	-0. 0090 ***	0. 0615 ***
	（-4. 779）	（6. 370）	（-5. 317）	（4. 526）
L. *HOR*	-0. 0000 **	0. 0000 **	-0. 0000	0. 0000 **
	（-2. 129）	（2. 414）	（-1. 310）	（2. 118）
L. *FOR*	0. 0000	0. 0001 ***	0. 0000	0. 0001 ***
	（1. 448）	（5. 876）	（0. 745）	（5. 185）
Kleibergen-Paap rk LM 统计量			5. 224 [0. 0734]	5. 224 [0. 0734]
Kleibergen-Paap rk Wald F 统计量			113. 274 {13. 43}	113. 274 {13. 43}
Hansen J 统计量			0. 343 [0. 5581]	1. 915 [0. 1664]

续表

变量名	OLS		2SLS	
	INP	ln_gdp	*INP*	ln_gdp
	（1）	（2）	（3）	（4）
国家（地区）×年份	是	是	是	是
行业×年份	是	是	是	是
R^2	0.2814	0.9597	0.0058	0.2478
样本量	10466	10466	6293	6293

注：（）中数值为稳健 t 值，［］内数值为相应统计量的 p 值，｛｝内数值为 Stock-Yogo 检验 10% 水平的临界值。**、*** 分别代表 5%、1% 的显著性水平。

四 差异化分析

1. 基于行业的差异化分析

命题 4-3 指出，行业的生产率越高，上游行业贸易保护对本国（地区）产出的抑制效应越明显。为了验证这一命题，分别在解释变量中引入上游行业贸易保护程度滞后 1 期与各行业全要素生产率滞后 1 期的交乘项（L. UP×L. TFP），表 4-11 第（1）列报告了相应的估计结果。可以看到，L. UP×L. TFP 的估计系数显著为负，表明行业生产率越高，上游行业贸易保护对本国（地区）产出的抑制效应越明显，证明了命题 4-3 是成立的。为了保证这一结果的稳健性，使用两阶段最小二乘回归进行估计。同样，使用滞后 2 期的上游行业贸易保护程度（L2. UP）和滞后 3 期的上游行业贸易保护程度（L3. UP）作为 L. UP 的工具变量，表 4-11 第（2）列报告了相应的估计结果。可以看到，L. UP×TFP 的估计系数依然显著为负，行业的生产率越高，上游行业贸易保护对本国（地区）产出的抑制效应越明显这一结论是成立的。至此，命题 4-3 得到验证。

表 4-11 基于行业的差异化分析

变量名	OLS	2SLS
	（1）	（2）
L. UP	0.0381 * （1.707）	0.0944 ** （−2.516）

续表

变量名	OLS	2SLS
	（1）	（2）
L. DOWN	−0.0043 （−1.073）	−0.0072 （−1.363）
L. UP×L. TFP	−0.0109 * （−1.814）	−0.0259 *** （−5.296）
L. TFP	0.7282 *** （30.437）	0.7483 *** （24.162）
L. KL	0.0697 *** （6.711）	0.0687 *** （5.081）
L. HOR	−0.0000 （−0.463）	−0.0000 （−1.357）
L. FOR	0.0001 *** （5.679）	0.0001 *** （4.958）
Kleibergen-Paap rk LM 统计量		19.498 ［0.0002］
Kleibergen-Paap rk Wald F 统计量		19.181 ｛9.53｝
Hansen J 统计量		0.454 ［0.7970］
国家（地区）×年份	是	是
行业×年份	是	是
R^2	0.9597	0.2478
样本量	10466	6293

注：（ ）中数值为稳健 t 值，［ ］内数值为相应统计量的 p 值，｛ ｝内数值为 Stock－Yogo 检验 10%水平的临界值。＊、＊＊、＊＊＊分别代表 10%、5%、1%的显著性水平。

2. 基于贸易保护措施的差异化分析

如今全球贸易保护主义发展的一个重要特征就是贸易保护措施的类型多样、隐蔽性很强（唐宜红，2017）。根据 GTA 数据库，将贸易保护措施划分为贸易救济措施、非关税措施、本地化措施、政府采购措施、关税措施等五大类。那么，上游行业各类贸易保护措施对本国（地区）产出的影响是否存在显著差异？一方面，各类贸易保护措施影响贸易的方式存在较大差异，比如，政府禁令和本地含量要求等贸易保护措施可以直接阻断国家（地区）间的贸易往来，而关税、非关税措施等贸易保护措施则通过增加贸易成本抑制国家（地区）间的贸易。另一方面，各类贸易保护措施的隐蔽性有所不同。相对于关税和贸易救济措施，非关税措施等贸易保护措施有着更强的隐蔽性。为了检验上游行业各类贸易保护措施对本国（地区）产出的差异化影响，构建以下计量模型：

$$Y_{cit} = \sum_m \nu_m UP_{cit-1}^m + \gamma X_{cit-1} + \eta_{ct} + \eta_{it} + \mu_{cit} \qquad (4-23)$$

在式（4-23）中，UP_{cit-1}^m 表示根据式（4-1）计算的第 k 类措施的上游行业贸易保护程度，其他变量的含义与式（4-17）一致。

表 4-12 报告了基于式（4-23）的估计结果。可以看出，上游行业的关税措施与政府采购措施均会对本国（地区）的产出产生显著的抑制效应，而上游行业的贸易救济措施与本地化措施未对本国（地区）的产出产生显著影响。比较各个估计系数的大小易知，上游行业的关税措施对本国（地区）产出的抑制作用最大。这可能是因为，相对于直接提高关税，其他贸易保护措施往往针对的是特定国家（地区）而非全部贸易伙伴国，因此这些贸易保护措施可能会产生贸易转移效应，进而弱化上游行业贸易保护对中间品购进价格的抬升作用①。

表 4-12 基于贸易保护措施的差异化分析

变量名	（1）
贸易救济措施	0.0414 （1.638）
非关税措施	−0.0191 （−0.863）
本地化措施	0.0120 （0.684）

---

① 比如，A 国（地区）采取了影响 B 国（地区）的贸易保护措施，提高了 A 国（地区）从 B 国（地区）进口中间品的成本，这时 A 国（地区）的进口商可以从 C 国（地区）进口未受贸易保护措施影响的中间品。

续表

变量名	（1）
政府采购措施	-0.0107* (-1.953)
关税措施	-0.1287** (-2.184)
L. DOWN	-0.0027 (-0.685)
L. TFP	0.2328*** (4.945)
L. KL	0.0437* (1.764)
L. HOR	0.0010 (0.094)
L. FOR	0.0140** (2.456)
国家（地区）×年份	是
行业×年份	是
R²	0.4149
样本量	10466

注：（）中数值为稳健 t 值，*、**、***分别代表10%、5%、1%的显著性水平。

3. 中国的特殊性分析

既然上游行业贸易保护程度的提高会对本国（地区）产出产生不利的影响，那么这一结论对中国是否成立？为了回答这一问题，分别在解释变量中引入上游行业贸易保护程度滞后 1 期与中国虚拟变量的交乘项（L. UP×CHN），表4-13 第（1）列报告了相应的估计结果。其显示，相对于其他国家（地区），上游行业贸易保护对中国的产出产生了更明显的抑制作用。这可能是因为中国部分行业的生产严重依赖于国外的中间品，根据 BACI 数据库发现，2022 年中国的中间品进口规模为 16470.42 亿美元，排在全球第一位，中国的中间品进口规模占全球中间品贸易额的比重高达 11.67%，因此上游行业贸易保护程度提高势必会增加下游行业的生产成本，进而对下游行业的产出产生不利影响。为了保证这一结果的稳健性，使用两阶段最小二乘回归进行估计。同样，进一步使用滞后 2 期的上游行业贸易保护程度（L2. *UP*）和滞后 3 期的上游行业贸易保护程度（L3. *UP*）作为 L. *UP* 的工具变量，表 4-13 第（2）列报告了相应的估计结果。可以看到，L. *UP*×*CHN* 的估计系数依然显著为负。

表 4-13　中国的特殊性分析

变量名	OLS	2SLS
	（1）	（2）
L. *UP*	−0. 0022 *** （−3. 265）	−0. 0024 ** （−2. 497）
L. *DOWN*	−0. 0025 （−0. 650）	−0. 0027 （−0. 508）
L. *UP*×L. *CHN*	−0. 0867 *** （−5. 551）	−0. 6085 *** （−2. 954）
L. *TFP*	0. 7241 *** （30. 476）	0. 7348 *** （24. 226）
L. *KL*	0. 0687 *** （6. 604）	0. 0656 *** （4. 832）
L. *HOR*	0. 0000 ** （2. 375）	0. 0000 ** （1. 991）
L. *FOR*	0. 0001 *** （5. 643）	0. 0001 *** （4. 843）
Kleibergen-Paap rk LM 统计量		6. 314 ［0. 0973］
Kleibergen-Paap rk Wald F 统计量		661. 325 ｛11. 04｝
Hansen J 统计量		2. 545 ［0. 2802］
国家（地区）×年份	是	是
行业×年份	是	是
R^2	0. 9596	0. 2389
样本量	10466	6293

注：（）中数值为稳健 t 值，［ ］内数值为相应统计量的 p 值，｛ ｝内数值为 Stock-Yogo 检验 10%水平的临界值。**、*** 分别代表 5%、1%的显著性水平。

第五节 本章小结

以国家（地区）间中间品流动为表征的各国（地区）产业间的投入产出关联可能是逆全球化能够产生波及效应的重要机制。逆全球化冲击下，不仅仅是中间品流动规模的下降会产生波及效应，中间品购进成本的提高也可以产生进一步的波及效应。为此，本章以上游行业贸易保护对本国（地区）产出的影响为例探讨了中间品购进成本视角下逆全球化的波及效应。

首先，本章刻画了 2009~2020 年全球上游行业贸易保护的特征事实发现，第一，2009~2020 年，全球上游行业贸易保护程度呈现周期性波动趋势。第二，各行业上游行业贸易保护程度的水平值和变动幅度存在一定差异。从行业大类看，高技术制造业的上游行业贸易保护程度最高，其次为采掘业和中技术制造业；2009~2020 年大部分大类行业的上游行业贸易保护程度呈下降的态势，但是采掘业、邮电金融和商务服务业及其他服务业这三大行业的上游行业贸易保护程度增长却呈现上升的态势。从各个细分行业看，上游行业贸易保护程度较高的行业是基本金属制造业、金属制品业、电气设备制造业、未另分类的机械设备制造业、汽车拖车和半挂车制造业；上游行业贸易保护程度较低的行业是金融和保险的附属服务、出版业，保险、再保险和养老金（强制社会保障除外），电影、录像、电视节目、录音、音乐出版与制作，邮政和快递业；2009~2020 年上游行业贸易保护程度上升幅度较大的行业是房地产业、行政和辅助服务、金融服务业（除保险和养老金）、公共管理和治安及强制社会保障、电信业。第三，各国家（地区）上游行业贸易保护程度的水平值和变动幅度存在一定差异。从各类型国家（地区）层面看，低收入国家（地区）的上游行业贸易保护程度最高，其次为 OECD 国家（地区）；2009~2020 年低收入国家（地区）和中高收入国家（地区）的上游行业贸易保护程度呈增长的态势，其他类型国家（地区）的上游行业贸易保护程度呈下降的态势。从具体国家（地区）层面看，美国、土耳其、俄罗斯、印度、巴西等国家（地区）的上游行业贸易保护程度较高，而挪威、瑞士、马耳他、日本、斯洛伐克等国家

（地区）的上游行业贸易保护程度较低；2009～2020 年巴西、澳大利亚、土耳其、俄罗斯、加拿大等国家（地区）的上游行业贸易保护程度上升幅度较大。

其次，本章通过拓展 Melitz（2003）所开发的异质性企业贸易模型，从理论上阐述上游行业贸易保护对本国（地区）产出的影响。在理论模型中，国外中间品作为企业生产过程中所使用的重要投入品，本国（地区）实施的上游行业贸易保护措施提高了企业所使用的中间品购进价格，而企业中间品购进价格的提高，又通过两个渠道抑制行业的产出。一方面，企业中间品购进价格的提高迫使存续企业提高产品价格、降低产出，同时也降低了存续企业劳动力需求；另一方面，企业中间品购进价格的提高可能使得企业营业利润为负，进而促使低效率企业退出市场，造成行业的产出下降与工人失业。根据理论模型推导，得出三个命题：上游行业贸易保护对本国（地区）的产出具有抑制效应；提高中间品购进成本是上游行业贸易保护抑制本国（地区）产出的重要机制；行业的生产率越高，上游行业贸易保护对本国（地区）产出的抑制效应越明显。

最后，基于全球贸易预警数据库（GTA）和世界投入产出数据库（WIOD）的合并数据实证检验了上游行业贸易保护对本国（地区）产出的影响。结果表明：①上游行业贸易保护对本国（地区）产出具有显著的抑制作用，在控制住内生性问题、重新测度解释变量与被解释变量、处理可能存在的异常值后，该结论依然成立；②提高中间品购进成本是上游行业贸易保护抑制本国（地区）产出的重要渠道；③在生产率较高的行业，上游行业贸易保护对本国（地区）产出的抑制效应较明显；④在各类贸易保护措施中，上游行业的关税措施与政府采购措施均会对本国（地区）的产出产生显著的抑制效应，其中，上游行业的关税措施对本国（地区）产出的抑制作用最明显；⑤相对于其他国家（地区），上游行业贸易保护对中国的产出产生了更明显的抑制作用。

第五章

资本品与资本流动机制下
逆全球化的波及效应
——以逆全球化对本国（地区）企业投资的影响为例

　　第三章和第四章分别通过投入产出分析和回归分析证明，在全球垂直专业化分工的体系下，中间品流动规模的下降与购进成本的提高是逆全球化产生波及效应的重要机制。然而在全球垂直专业化分工的体系下，不仅仅是中间品的跨境流动更加频繁，资本品和资本的跨境流动也日益频繁，各国（地区）的生产活动特别是投资活动中需要大量使用境外的资本品或资本。因此各国（地区）发起的逆全球化冲击可以通过影响资本品与资本流动产生波及效应。这意味着以国家（地区）间资本品或资本流动为表征的产业投入产出关联可能是逆全球化能够产生波及效应的重要机制。为此，本章通过理论分析和回归分析探讨逆全球化对本国（地区）企业投资的影响，以验证这一机制。一方面，一国（地区）对外发起的逆全球化冲击对本国（地区）企业投资的影响体现了逆全球化的波及效应；另一方面，在投入产出表中无法体现国家（地区）间资本品与资本的流动，因此本章的实证检验基于回归分析来实现。

　　学界对企业投资对经济增长具有促进作用这一观点已达成广泛共识。比如，崔友平和王文平（2009）基于中国 1980～2007 年的数据发现，企业投资在产出扩张中起到了决定性的作用。潘红波和陈世来（2017）则发现，民营企业投资水平的下降会拖累我国的经济增长。国内外学者就对外经贸政策对企业投资的影响进行了广泛的研究，这些文献的研究视角大致可以划为两类。第一类文献研究了境外实施的对外经贸政策对企业投资的影响，这类文献发现，一方面，东道国发起的贸易保护等逆全球化冲击会引发企业对外直接投资（Azrak and Wynne，1995；Chu，2014；余官胜、范朋真，2018）；另一方面，国外的逆全球化冲击显著降低了企业投资率（周先平等，2020）。第二类文献则探讨了本国（地区）的贸易自由化政策对企业投资的影响，这类文献发现，本国（地区）贸易自由化程度的提高通过引致竞争降低了企业的投资水平（Pierce and Schott，2018；张国峰等，2019）。尽管国内外探究对外经贸政策如何影响企业投资的文献较多，但从已有成果看，有一个方面的内容值得补充和深入研究，即逆全球化冲击对本国（地区）企业投资的影响。在全球垂直专业化分工的体系下，各国（地区）的投资活动中需要大量使用境外的资本品或资本，因此各国（地区）发起的逆全球化冲击可以波及本国（地区）企业的投资。

鉴于此，本章首先在全球垂直专业化分工的背景下分析了逆全球化冲击影响本国（地区）企业投资的内在机制；然后基于2008～2017年全球82个国家（地区）7810家企业的数据实证检验了逆全球化对本国（地区）企业投资的实际影响及其内在机制、差异化特征，并进行了适当的拓展研究。相较于已有研究，本章可能的贡献是，第一，拓展了现有文献的研究视角。已有文献就境外逆全球化冲击对企业投资的影响和贸易自由化对本国（地区）企业投资的影响进行了一定的探讨，但是鲜有文献关注逆全球化冲击对本国（地区）企业投资的影响，本章则对此进行了补充，指出逆全球化冲击也是影响本国（地区）企业投资的重要因素。第二，揭示了逆全球化冲击影响本国（地区）企业投资的内在机制与差异化特征，深化了对逆全球化冲击影响本国（地区）企业投资的认识，这可以为优化经贸政策制定、规避逆全球化冲击的负面影响、激发企业投资活力提供有益借鉴。

第一节　机制分析

在全球化的生产网络中，企业的生产对于国（地区）外资本品和资本具有较强的依赖性，高性价比资本品的进口或国（地区）外资本的流入都会激励企业扩大投资。而逆全球化冲击不仅会限制本国（地区）资本品的进口，也会阻碍国（地区）外资本的流入。因此，逆全球化可以对本国（地区）企业的投资产生不利影响。

一 逆全球化通过减少资本品进口抑制本国（地区）企业投资

一国（地区）发起的逆全球化冲击无疑会提高贸易成本进而减少资本品进口。比如，Henn 和 McDonald（2011）发现，各国（地区）实施的贸易保护措施显著地减少了机械设备等资本品的进口。而资本品是企业最重要的生产要素之一，是其他生产要素发挥作用的物质条件。一方面，企业从国（地区）外进口本国（地区）没有的机器设备等资本品，而包含了国（地区）外先进技术投入的机器设备能够通过推动本国（地区）企业生产技术水平的提高，提高企业的全要素生产率和市场竞争力，进而促使企业扩大再投资。另一方面，企业进口国（地区）外先进的资本品后，会有动机通过逆向工程积极学习和模仿其中蕴含的先进技术，这势必引致企业进一步去增加研发投资，从而实现内化在进口资本品中技术的吸收与再创造。比如，Mo 等（2021）基于中国制造业企业的微观数据发现，进口资本品与企业研发之间存在显著的协同和诱导效应。因此，一国（地区）发起的逆全球化冲击可以通过减少资本品进口降低企业的投资水平。

二 逆全球化通过减少外资流入抑制本国（地区）企业投资

当前经济逆全球化不仅仅表现为贸易保护主义，还表现为对国际资本流动的限制。例如，美国和欧盟分别通过《外国投资风险审查现代化法案》和《外国直接投资审查条例》，以外资安全审查的名义对国际资本流动进行限制。很显然，各国（地区）发起的以限制资本跨国（地区）流动为表现形式的逆全球化冲击，阻碍了国际投资自由化、便利化发展，抑制了国（地区）外资本的流入。而外资流入是促进企业扩大投资的重要动因。其一，外资流入对本国（地区）企业的投资具有"融资约束缓解效应"。一方面，外资流入带来了增量资本，拓宽了企业投资的融资渠道。

另一方面，企业获得外资的支持在一定程度上向金融机构传递了积极的信号，减少了金融机构与企业之间的信息不对称问题，使得外资参与的本国（地区）企业更容易获得金融机构的信贷支持，进一步缓解了企业投资的融资约束。其二，外资流入对本国（地区）企业的投资具有"示范效应"，即外资流入给本国（地区）企业带来了准确的市场信息以及成熟的投资经验等，这些因素能够降低本国（地区）企业扩大投资的信息成本。其三，外资流入对本国（地区）企业的投资具有"竞争效应"，外资流入对本国（地区）企业的生产经营形成竞争，为了保持自身的市场份额，本国（地区）企业会利用投资扩大经营规模，占领新的市场，以应对外资流入所引致的竞争。因此，一国（地区）发起的逆全球化冲击可以通过减少外资流入降低企业的投资水平。

总而言之，资本品进口和国（地区）外资本流入为企业扩大投资提供支持。而各国（地区）发起的全球化冲击会抑制资本品的进口和境外资本的流入，进而对本国（地区）企业的投资产生不利影响。由此，提出以下两个命题。

命题5-1：逆全球化会对本国（地区）企业投资产生负面影响。

命题5-2：逆全球化通过减少资本品进口和外资流入抑制本国（地区）企业的投资。

第二节　逆全球化影响本国（地区）企业投资的模型设定

一　回归模型

为实证检验逆全球化对本国（地区）企业投资的影响，建立如下回归模型：

$$invest_{fcit} = \alpha_0 + \alpha_1 \, anti_{ct} + \gamma X_{ft} + \theta Z_{ct} + \eta_f + \eta_{it} + \mu_{fcit} \tag{5-1}$$

在式（5-1）中，f 代表企业、c 代表国家（地区）、i 代表行业、t 代表年份。$invest$ 表示企业的投资水平，借鉴刘京军等（2020）的做法，用企业资本开支占上年度末企业总资产的比重表征企业投资水平；*anti* 表示本国（地区）的逆全球化程度，具体计算方法见本书第二章第二节的内容；*X* 为企业–年份层面的控制变量集合；*Z* 为国家（地区）–年份层面的控制变量集合；η_f 为企业层面的固定效应，用以控制国家（地区）地理位置、企业所有权等国家（地区）或企业层面特征对估计结果的影响[①]；η_{it} 为行业×年份层面的固定效应，用以控制各行业的技术革新等行业×年份层面特征对估计结果的影响；μ_{fcit} 为随机误差项。

二 控制变量的选取

参考现有文献的做法（罗子嫄、靳玉英，2018；刘京军等，2020；高运胜等，2021），分别在企业–年份层面和国家（地区）–年份层面加入如下可能影响企业投资行为的控制变量。企业–年份层面的控制变量包括：企业规模（*size*），一般而言，规模越大企业的投资水平越高；企业资产负债率（*lev*），一般而言，资产负债率越高企业的投资能力越低；资产无形性（*intang*），用于衡量企业可抵押贷款的能力，资产占比越高意味着企业可以抵押贷款的能力越弱；销售增长率（*sale_growth*），用以衡量企业的投资机会，销售增长率越高说明企业的投资机会越多；企业经营绩效（*roa*），用企业的资产回报率来衡量，一般而言，经营绩效越好的企业投资能力越强。国家（地区）–年份层面的控制变量包括：人均 GDP（*pgdp*），用以衡量国家（地区）的经济发展水平；GDP 增长率（*gdp_growth*），一般而言，GDP 增长率越高的国家（地区）企业的投资机会也越多；全要素生产率（*tfp*），用以衡量国家（地区）的技术能力；汇率水平（*exchange*），在理论上，汇率水平是影响企业投资特别是跨国（地区）投资的重要因素。控制变量的具体定义见表 5-1。

[①] 在样本数据中，各个企业所在的国家（地区）在样本期内均保持不变，因此控制住企业层面的固定效应也就控制住国家（地区）层面的固定效应。

表 5-1　控制变量的定义

变量名	变量含义	变量定义
size	企业规模	企业总资产，单位为百万本币
lev	企业资产负债率	企业总负债/企业总资产
intang	资产无形性	无形资产/企业总资产
sale_growth	销售增长率	（当年销售收入-上年销售收入）/上年销售收入
roa	企业经营绩效	企业未扣除非经常性损益的净利润/企业总资产
pgdp	人均 GDP	GDP/总人口数，单位为万美元/人
gdp_growth	GDP 增长率	（当年 GDP-上年 GDP）/上年 GDP
tfp	全要素生产率	以美国为基准 TFP×以 2011 年为基准 TFP
exchange	汇率水平	单位美元兑换的本币数量×100

注：TFP 表示全要素生产率。
资料来源：笔者整理而得。

三　数据处理

本章企业层面的数据来自标准普尔公司的 2008～2017 年的 Compustat Global 数据库，该数据库收集了全球 118 个国家（地区）4 万多家未在北美上市公司的全面财务数据。按照以下流程对该数据库进行处理：①删除预算年度为跨年制的样本，即仅保留预算年度结束月份为 12 月的样本；②删除企业总资产、企业负债率、企业销售额、企业利润总额等重要财务指标缺失的样本；③删除不符合会计准则的样本，比如企业总资产小于无形资产、企业总资产小于流动资产等；④删除因为破产或被兼并等原因而不活跃的企业；⑤删除总部不在本国（地区）的企业；⑥删除非制造业企业，即只保留 SIC 行业代码介于 2000 到 3999 之间的企业。基于国家（地区）层面经济全球化指数、贸易全球化指数与金融全球化指数的数据计算国家（地区）的逆全球化程度，相关原始数据来自苏黎世联邦理工学院经济研究所①，国家（地区）层面人均 GDP、GDP 增长

---

① https：//kof.ethz.ch/en/the-institute.html.

率与汇率水平的数据来自世界银行世界发展指标（WDI）数据库，国家
（地区）层面全要素生产率来自佩恩世界表（PWT 9.1）。合并企业和国家
（地区）层面的数据共获得了 82 个国家（地区）7810 家企业的 55614 个样
本数据①。表 5-2 报告了相关变量的描述性统计。

表 5-2　变量的描述性统计

变量名	观测值	平均值	标准差	最小值	最大值
invest	55614	0.0598	0.0681	0.0003	0.3974
*anti*1	55614	0.2471	0.0147	0.2196	0.3000
*anti*2	55614	0.2493	0.0167	0.2187	0.3007
*anti*3	55614	0.2454	0.0138	0.2206	0.3142
size	55614	0.4205	4.6028	0.0000	301.7521
lev	55614	0.4619	0.2290	0.0545	1.3507
intang	55614	0.0642	0.1126	0.0000	0.5915
sale_growth	55614	0.1272	0.4058	−0.7109	2.7024
roa	55614	0.0454	0.1202	−0.6904	0.3371
pgdp	55614	1.9947	1.8709	0.0695	10.2914
gdp_growth	55614	0.0553	0.0949	−0.3487	0.5088
tfp	55614	0.5925	0.2410	0.3745	1.4110
exchange	55614	8.5249	34.0325	0.0028	223.7009

资料来源：笔者整理而得。

---

① 　这 82 个国家（地区）为阿联酋、阿根廷、澳大利亚、奥地利、孟加拉国、保加利亚、巴
林、伯利兹、百慕大、巴西、瑞士、列支敦士登、智利、中国、科特迪瓦、哥伦比亚、
开曼群岛、塞浦路斯、捷克、德国、丹麦、厄瓜多尔、埃及、西班牙、爱沙尼亚、芬兰、
法国、英国、巴哈马、希腊、克罗地亚、匈牙利、印度尼西亚、印度、爱尔兰、冰岛、
以色列、意大利、牙买加、约旦、日本、哈萨克斯坦、肯尼亚、韩国、科威特、黎巴嫩、
斯里兰卡、立陶宛、拉脱维亚、摩洛哥、墨西哥、毛里求斯、马来西亚、尼日利亚、荷
兰、挪威、新西兰、阿曼、巴基斯坦、秘鲁、菲律宾、波兰、葡萄牙、卡塔尔、罗马尼
亚、俄罗斯、沙特、新加坡、斯洛伐克、斯洛文尼亚、瑞典、泰国、特立尼达和多巴哥、
突尼斯、土耳其、坦赞尼亚、乌干达、乌克兰、委内瑞拉、越南、南非、赞比亚。

第三节　逆全球化影响本国（地区）企业投资的实证结果

一　基准回归结果

表 5-3 报告了基于式（5-1）的估计结果。第（1）至（3）列仅控制住企业层面的固定效应和行业×年份层面的固定效应，未纳入企业-年份层面和国家（地区）-年份层面的控制变量，结果显示，$anti1$、$anti2$ 和 $anti3$ 的估计系数均在 1% 的水平下显著为负，表明经济逆全球化指数、贸易逆全球化指数与金融逆全球化指数的提高对本国（地区）企业的投资有负向的影响，进而证明本国（地区）发起的逆全球化冲击会显著地降低企业的投资。在第（4）至（6）列中进一步控制了企业-年份层面和国家（地区）-年份层面的控制变量，可以看到，尽管 $anti1$、$anti2$ 和 $anti3$ 的估计系数的绝对值有所下降，但是仍然在 1% 的水平下显著为负，表明在控制了其他影响企业投资的企业和国家（地区）层面的因素之后，本国（地区）发起的逆全球化依然对本国（地区）企业的投资有显著的不利影响。至此，命题 5-1 得以验证。

既然在统计意义上，本国（地区）实施逆全球化措施对本国（地区）企业投资的不利影响是显著的，那么这一影响在经济意义上究竟有多大？第（4）至（6）列的结果显示，经济逆全球化指数每提高一个单位，企业投资水平下降 1.0592 个单位；贸易逆全球化指数每提高一个单位，企业投资水平下降 0.7802 个单位；金融逆全球化指数每提高一个单位，企业投资水平下降 0.3938 个单位。通过整理数据发现，样本期内经济逆全球化指数出现上升的国家（地区），其经济逆全球化指数平均上升 0.0037 个单位；样本期内贸易逆全球化指数出现上升的国家（地区），其贸易逆全球化指数平均上升 0.0043 个单位；样本期内金融逆全球化指数出现上升的国家（地区），其金融逆全球化指数平均上升 0.0050 个单位。与此同时，还发现在经济逆全球化指数、贸易逆全球化指数和金融逆全球化指数上升的国家（地区），企业的投资水平在样本期内分别下降 0.0302、0.0312 和 0.0058 个单位，很显然，经济全球化指数、贸易全球化指数和金融全球化指数的下降大约可以分别解释这些国家（地区）企业投资水平下降的 12.98%（0.0037 × 1.0592/0.0302 × 100）、10.75%（0.0043 × 0.7802/0.0312×100）和 33.95%（0.0050×0.3938/0.0058×100）。从经济意义上，逆全球化冲击对本国（地区）企业投资的抑制效应值得引起我们的重视。

其他企业和国家（地区）层面的控制变量也对企业投资水平产生了重要影响。第一，*intang* 的估计系数显著为负，表明无形资产占比越高的企业，投资水平越低，这可能是因为无形资产占比越高的企业获得的抵押贷款越少，进而不利于企业投资水平的提高。第二，*sale_growth* 和 *roa* 的估计系数显著为正，表明企业投资机会的增加和企业经营绩效的提高会显著地提升企业的投资水平，这与预期相符。第三，*pgdp* 的估计系数显著为负，表明国家（地区）的人均 GDP 越高企业投资水平越低，这可能是因为在全球价值链分工的背景下，高收入国家（地区）的跨国公司为了实现利润最大化大量投资布局中低收入国家（地区），进而降低了本国（地区）的投资水平。第四，*gdp_growth* 和 *tfp* 的估计系数显著为正，表明本国（地区）经济的快速增长和技术进步都会促进企业提升投资水平，这也与预期相符。

表 5-3　基准回归结果

变量名	anti = anti1	anti = anti2	anti = anti3	anti = anti1	anti = anti2	anti = anti3
	（1）	（2）	（3）	（4）	（5）	（6）
anti	−1.6663 *** （−8.469）	−1.1788 *** （−9.839）	−0.6010 *** （−4.847）	−1.0592 *** （−5.762）	−0.7802 *** （−6.673）	−0.3938 *** （−3.196）
size				0.0001 （0.259）	0.0001 （0.255）	0.0001 （0.408）
lev				0.0024 （0.644）	0.0016 （0.414）	0.0030 （0.808）
intang				−0.0426 *** （−6.014）	−0.0428 *** （−6.046）	−0.0440 *** （−6.183）

续表

变量名	anti = anti1	anti = anti2	anti = anti3	anti = anti1	anti = anti2	anti = anti3
	(1)	(2)	(3)	(4)	(5)	(6)
sale_growth				0.0203*** (14.033)	0.0203*** (14.034)	0.0203*** (14.023)
roa				0.0441*** (8.206)	0.0432*** (8.025)	0.0458*** (8.474)
pgdp				−0.0090*** (−7.221)	−0.0093*** (−7.502)	−0.0104*** (−8.354)
gdp_growth				0.0303*** (6.297)	0.0264*** (5.477)	0.0344*** (6.979)
tfp				0.0559*** (5.748)	0.0633*** (6.613)	0.0584*** (5.938)
exchange				−0.0001 (−1.152)	−0.0001 (−0.724)	−0.0002 (−1.577)
常数项	−0.0655 (−1.191)	−0.0505 (−1.108)	−0.0483 (−1.052)	−0.0351 (−0.931)	−0.0075 (−0.327)	0.0028 (0.143)
企业	是	是	是	是	是	是
行业×年份	是	是	是	是	是	是
R^2	0.4850	0.4851	0.4836	0.5011	0.5012	0.5006
样本量	55614	55614	55614	55614	55614	55614

注：（）中数值为 t 值，标准误差在国家（地区）层面聚类。*** 代表 1% 的显著性水平。

二　稳健性检验

基准回归的结果表明，逆全球化冲击会显著地降低本国（地区）企业的投资水平。为了验证这个结论的可靠性，从多个方面进行稳健性检验。

1. 内生性问题的处理

第一，联立关系可能是导致模型存在内生性问题的原因之一。已有文献研究表明，市场上超级明星企业的存在会影响本国（地区）的经贸政策（Bombardini，2008；Bombardini and Trebbi，2020）。因此，一些国家（地区）可能为了促进超级明星企业在本国（地区）的投资而实施一些逆全球化政策。为此，在样本中剔除超级明星企业。具体而言，去除样本中年份-国家（地区）-行业层面销售额占比超过 50% 的企业，重新进行估计。① 表 5-4 第（1）至（3）列的结果显示，$anti1$、$anti2$ 和 $anti3$ 的估计系数仍然显著为负，表明剔除超级明星企业后，逆全球化对本国（地区）企业投资的抑制作用仍然存在。

第二，除了联立关系外，遗漏变量也可能是导致模型存在内生性问题的原因之一。企业的投资决策是一个非常复杂的行为，受多种因素的影响。尽管在回归模型中从企业和国家（地区）层面纳入多个控制变量以及尽可能地加入固定效应，但是仍然可能遗漏一些与企业投资和经济逆全球化冲击共同相关的因素，比如金融危机爆发、社会全球化与政治全球化的发展等，进而引致估计的内生性偏误。为此，从两个方面处理可能存在的遗漏变量问题。第一，剔除金融危机的影响，即在样本中删除 2008~2009 年的数据，重新进行回归分析。表 5-4 第（4）至（6）列的结果显示，剔除金融危机的影响后，$anti1$、$anti2$ 和 $anti3$ 的估计系数仍然显著为负，与基准回归的结论一致。第二，在控制变量中纳入社会逆全球化指数（$anti\_so$）与政治逆全球化指数（$anti\_po$），以控制社会逆全球化和政治逆全球化对估计结果的影响。表 5-5 第（1）至（3）列的结果表明，在控制社会逆全球化与政治逆全球化发展的影响后，$anti1$、$anti2$ 和 $anti3$ 的估计系数仍然显著为负，基准回归的结论未发生改变。此外，也可以看到，$anti\_so$ 的估计系数显著为正，表明社会全球化不利于本国（地区）企业的投资，这可能是因为人际、信息和文化等方面全球化的发展使得本国（地区）企业获得了更多境外的投资信息和投资机会，进而降低了企业在本土的投资水平。

---

① 我们也选择去除样本中年份-国家（地区）-行业层面的销售额占比超过 30% 或 15% 的企业，所得结果与表 5-4 第（1）至（3）列的结果一致。

第三，解决模型估计内生性问题的有效办法是找到一个和本国（地区）逆全球化程度相关但是和本国（地区）企业投资不相关的变量进行两阶段最小二乘回归。借鉴 Beverelli 等（2017）以及刘斌和赵晓斐（2020）的研究，使用与本国（地区）未签订任何 FTA，也与本国（地区）不属于同一个地理区域国家（地区）的逆全球化指数的加权平均数作为本国（地区）各个全球化指数的工具变量，权重是两国人均 GDP 的相似指数，工具变量（IV）具体构造方法为：

$$IV_{ct} = \sum_d anti_{dt} \times si_{cd} \qquad (5-2)$$

$$si_{cd} = 1 - \left(\frac{pgdp_c}{pgdp_c + pgdp_d}\right)^2 - \left(\frac{pgdp_d}{pgdp_c + pgdp_d}\right)^2 \qquad (5-3)$$

在式（5-2）与式（5-3）中，t 代表年份；c 和 d 表示国家（地区），国家（地区）d 与国家（地区）c 未签订任何 FTA 并且两国不属于同一个地理区域①；si_{cd} 是国家（地区）c 和国家（地区）d 人均 GDP 的相似指数，$pgdp_c$ 和 $pgdp_d$ 分别表示国家（地区）c 和国家（地区）d 在样本期内的人均 GDP。这样构造工具变量的原因是，其一，在开放经济条件下，各国（地区）的宏观政策具有一定的协同性，人均 GDP 水平越相似的国家（地区），越可能实行相同的经贸政策，以两国（地区）人均 GDP 的相似指数为权重，保证了工具变量的有效性；其二，通过剔除与本国（地区）未签订任何 FTA，并且与本国（地区）不属于同一个地理区域的国家（地区），确保了工具变量不会对本国（地区）的企业投资直接产生影响。从表 5-5 第（4）至（6）列可以看出，一方面，Kleibergen-Paap rk LM 统计量与 Kleibergen-Paap rk Wald F 统计量的结果表明模型并不存在弱工具变量和识别不足②；另一方面，$anti1$、$anti2$ 和 $anti3$ 的估计系数仍然显著为负，证明逆全球化对本国（地区）企业投资的抑制作用是显著存在的。

---

① 两个所属地理区域的信息来自 BECI 数据库。
② 因为内生变量数量与工具变量的数量相同，所以模型属于恰好识别，无法进行过度识别检验。

表 5-4　内生性问题的处理 （一）

变量名	剔除超级明星企业			剔除金融危机的影响		
	$anti = anti1$	$anti = anti2$	$anti = anti3$	$anti = anti1$	$anti = anti2$	$anti = anti3$
	（1）	（2）	（3）	（4）	（5）	（6）
anti	-1.7839***	-1.0918***	-0.7650***	-1.1879***	-0.8481***	-0.7956***
	（-5.981）	（-6.307）	（-3.715）	（-5.775）	（-5.218）	（-5.209）
size	-0.0067***	-0.0071***	-0.0067***	0.0001	0.0001	0.0001
	（-2.938）	（-3.086）	（-2.762）	（0.604）	（0.710）	（0.710）
lev	-0.0036	-0.0039	-0.0028	0.0024	0.0023	0.0028
	（-0.326）	（-0.351）	（-0.243）	（0.283）	（0.275）	（0.321）
intang	-0.0192***	-0.0212***	-0.0210***	-0.0460***	-0.0476***	-0.0459***
	（-3.969）	（-4.823）	（-3.914）	（-8.380）	（-9.316）	（-8.340）
sale_growth	0.0177***	0.0176***	0.0177***	0.0203***	0.0204***	0.0204***
	（3.980）	（3.967）	（3.986）	（6.426）	（6.429）	（6.432）
roa	0.0546***	0.0549***	0.0570***	0.0505***	0.0512***	0.0511***
	（5.762）	（5.486）	（5.983）	（6.301）	（6.207）	（6.259）
pgdp	-0.0011	-0.0014	-0.0021	-0.0092***	-0.0107***	-0.0102***
	（-0.185）	（-0.245）	（-0.315）	（-3.117）	（-3.054）	（-3.023）
gdp_growth	0.0401***	0.0382**	0.0679***	0.0281*	0.0249*	0.0256*
	（3.267）	（2.645）	（3.420）	（1.839）	（1.956）	（1.945）
tfp	0.1827***	0.1990***	0.1712***	0.0483**	0.0572***	0.0486***
	（3.784）	（4.891）	（3.097）	（2.617）	（2.922）	（2.649）
exchange	-0.0000	0.0000	-0.0001	-0.0001	-0.0001	-0.0002
	（-0.102）	（0.085）	（-0.657）	（-0.427）	（-0.292）	（-1.539）
常数项	-0.1570***	-0.1085***	-0.0876**	-0.0436	-0.0055	-0.0213
	（-4.067）	（-4.816）	（-2.275）	（-1.051）	（-0.195）	（-0.678）
企业	是	是	是	是	是	是
行业×年份	是	是	是	是	是	是
R^2	0.5041	0.5040	0.5033	0.5162	0.5160	0.5159

续表

变量名	剔除超级明星企业			剔除金融危机的影响		
	anti = anti1	anti = anti2	anti = anti3	anti = anti1	anti = anti2	anti = anti3
	（1）	（2）	（3）	（4）	（5）	（6）
样本量	36619	36619	36619	50738	50738	50738

注：（）中数值为 t 值，标准误差在国家（地区）层面聚类。 * 、 ** 、 *** 分别代表 10% 、 5% 、 1% 的显著性水平。

表 5-5　内生性问题的处理（二）

变量名	控制社会逆全球化与政治逆全球化			两阶段最小二乘回归		
	anti = anti1	anti = anti2	anti = anti3	anti = anti1	anti = anti2	anti = anti3
	（1）	（2）	（3）	（4）	（5）	（6）
anti	−0.4909***	−0.3228**	−0.2796**	−1.7364***	−1.4525***	−2.6504***
	（−2.652）	（−2.505）	（−2.267）	（−4.056）	（−4.514）	（−3.742）
anti_so	2.8285***	2.8032***	3.0181***			
	（8.547）	（8.156）	（9.514）			
anti_po	−0.7011**	−0.7498**	−0.7349**			
	（−2.179）	（−2.339）	（−2.292）			
size	0.0001	0.0001	0.0001	0.0001	0.0001	−0.0000
	（0.413）	（0.456）	（0.483）	（0.420）	（0.347）	（−0.063）
lev	0.0014	0.0011	0.0018	−0.0005	−0.0011	0.0006
	（0.182）	（0.146）	（0.245）	（−0.049）	（−0.114）	（0.060）
intang	−0.0376***	−0.0382***	−0.0377***	−0.0492***	−0.0508***	−0.0396***
	（−6.610）	（−7.069）	（−6.516）	（−7.923）	（−8.965）	（−4.283）
sale_growth	0.0211***	0.0210***	0.0211***	0.0209***	0.0208***	0.0208***
	（6.244）	（6.244）	（6.242）	（6.700）	（6.686）	（6.714）
roa	0.0524***	0.0524***	0.0534***	0.0453***	0.0446***	0.0426***
	（6.203）	（6.154）	（6.111）	（6.628）	（6.676）	（6.702）
pgdp	−0.0076***	−0.0082***	−0.0082***	−0.0071***	−0.0065***	−0.0006
	（−3.017）	（−2.973）	（−3.001）	（−2.706）	（−2.646）	（−0.106）

变量名	控制社会逆全球化与政治逆全球化			两阶段最小二乘回归		
	anti = anti1	anti = anti2	anti = anti3	anti = anti1	anti = anti2	anti = anti3
	（1）	（2）	（3）	（4）	（5）	（6）
gdp_growth	0.0216 *** （2.764）	0.0207 *** （2.719）	0.0246 *** （2.776）	0.0201 （1.571）	0.0201 （1.497）	0.0203 （1.004）
tfp	0.0594 *** （3.121）	0.0648 *** （3.210）	0.0589 *** （3.082）	0.0370 * （1.830）	0.0441 ** （2.187）	−0.0112 （−0.234）
exchange	−0.0001 （−0.633）	−0.0001 （−0.650）	−0.0001 （−0.865）	0.0000 （0.151）	0.0002 （0.755）	−0.0002 （−0.774）
常数项	0.1176 （1.341）	0.1361 （1.389）	0.1532 * （1.674）			
Kleibergen-Paap rk LM 统计量				119.771 ［0.0000］	120.838 ［0.0012］	85.888 ［0.0000］
Kleibergen-Paap rk Wald F 统计量				795.684 ｛16.38｝	822.851 ｛16.38｝	222.335 ｛16.38｝
企业	是	是	是	是	是	是
行业×年份	是	是	是	是	是	是
R^2	0.5029	0.5028	0.5028	0.0339	0.0336	0.0244
样本量	55614	55614	55614	45836	45836	45836

注：（）中数值为 t 值，［］内数值为相应统计量的 p 值，｛｝内数值为 Stock-Yogo 检验 10% 水平的临界值，标准误差在国家（地区）层面聚类。*、**、*** 分别代表 10%、5%、1% 的显著性水平。

第四，以英国脱欧为准自然实验的估计。2016 年 6 月 23 日，英国公投"脱欧"是逆全球化潮流下的一个标志性事件。英国脱欧提高了英国贸易政策的不确定性（Patrizia and Simona，2021），欧盟对英国的投资和人员流动开始减少（Holger 等，2020；孙秀丽，2022），同时也引致了英国股票和汇率市场的剧烈波动（涂永红、赵雅梅，2021）。英国脱欧为我们考察逆全球化对本国（地区）企业投资的影响提供了一个准自然实验。一方面，对于企业而言，英国脱欧这一事件的发生很大程度上是外生的；另一方面，英国脱欧对于英国和非英国的企业产生的影响存在较大差异。因此，以英国脱欧作为准自然实验，以英国的企业为处理组，以欧洲其他国家（地区）的企业为控制组，对比英国脱欧前后处理组和控制组投资水平的差异，以此来识别逆全球化对本国（地区）企业投资的影响。具体而言，设定如下回归方程：

$$invest_{fcit} = \beta_0 + \beta_1\, treat_c \times post_t + \gamma X_{ft} + \theta Z_{ct} + \eta_f + \eta_{it} + \mu_{fcit} \qquad (5-4)$$

在式（5-4）中，*treat* 为虚拟变量，当企业位于英国时取 1，否则为 0；*post* 也是一个虚拟变量，当年份大于 2016 年时则取 1，否则为 0。其他变量的含义与式（5-1）一致。β_1 是重点关注的估计系数，刻画了英国脱欧前后，英国企业和欧洲其他国家（地区）的企业在投资水平上的差异，若 $\beta_1 < 0$，表明相对于欧洲其他国家（地区）的企业，英国脱欧使英国企业的投资水平下降。表 5-6 报告了对式（5-4）的估计结果。可以看出，不管是否纳入企业-年份和国家（地区）-年份层面的控制变量，*treat×post* 的估计系数均显著为负，表明英国脱欧这一逆全球化事件发生之后，相对于欧洲其他国家（地区）的企业，英国企业的投资水平出现了显著的降低，再次证明了逆全球化冲击不利于本国（地区）企业的投资。

表 5-6　以英国脱欧为准自然实验的估计

变量名	（1）	（2）
treat×post	−0.0083 *** （−3.591）	−0.0059 ** （−2.152）
size		−0.0044 （−0.749）
lev		0.0074 （1.520）
intang		−0.0495 *** （−11.065）
sale_growth		0.0198 *** （5.628）

续表

变量名	（1）	（2）
roa		0.0154* （1.836）
pgdp		-0.0027 （-1.295）
gdp_growth		0.0196 （1.512）
tfp		0.0309* （1.814）
exchange		0.0039 （0.379）
常数项	0.0451*** （1189.936）	0.0284** （2.383）
企业	是	是
行业×年份	是	是
R^2	0.1722	0.2092
样本量	14237	14237

注：（）中数值为 t 值，标准误差在国家（地区）层面聚类。*、**、*** 分别代表 10%、5%、1% 的显著性水平。

使用双重差分法有一个基本的前提条件就是处理组和控制组要满足平行趋势，即在英国脱欧以前，处理组和控制组企业投资水平的变化趋势是一致的，否则通过双重差分法得到的估计量就是有偏的。为了检验平行趋势，在式（5-4）的基础上设定如下回归方程：

$$invest_{fcit} = \beta_0 + \sum_{j=2}^{5} b_j treat_c \times before_j + \sum_{j=0}^{1} a_j treat_c \times after_j + \gamma X_{ft} + \theta Z_{ct} + \eta_f + \eta_{it} + \mu_{fcit} \quad (5-5)$$

在式（5-5）中，$before_j$ 是一个虚拟变量，$before_j$ 的取值方式为，在至少 j 年之后发生英国脱欧，则 $before_j$ 取 1，否则为 0；$before_5$ 的取值方式为，在至少 5 年之后发生英国脱欧取 1，否则为 0。b_j 刻画了英国脱欧以前第 j 年处理组相对于控制组企业投资水平的差异。将英国脱欧的前一年作为参考基准，如果 b_2 至 b_5 的估计系数不显著，表明数据满足平行趋势条件。

$after_j$ 也是一个虚拟变量，若为英国脱欧后的第 j 年，则 $after_j$ 取 1，否则为 0。a_j 刻画了英国脱欧之后第 j 年处理组相对于控制组企业投资水平的差异。

从图 5-1 可以看出，在英国脱欧以前，英国企业和欧洲其他国家（地区）企业在投资水平上并不存在显著差异，表现为 b_2 至 b_5 的估计系数不显著（90% 的置信区间内包含了 0 值），说明满足平行趋势的条件。此外，a_0 的估计系数显著为负、a_1 的估计系数不显著，表明英国脱欧对英国企业投资的不利影响是短期的。总而言之，图 5-1 的结果证实了表 5-6 的估计满足平行趋势条件。

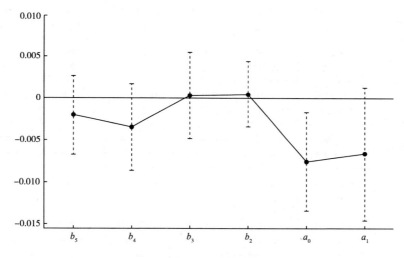

图 5-1 平行趋势检验

资料来源：笔者绘制而得。

2. 重构解释变量与被解释变量

第一，重构解释变量。目前关于全球化的测量都侧重于事实维度的全球化而非法律维度的全球化，因为一些全球化政策在纸面上是严格的，但在实践中却没有效力（Kose 等，2009）。为此使用事实维度的经济逆全球化指数、贸易逆全球化指数与金融逆全球化指数重新刻画逆全球化程度，表 5-7 的第（1）至（3）列报告了相应的估计结果。可以看出，$anti1$、$anti2$ 和 $anti3$ 的估计系数仍然显著为负，表明逆全球化依然能够抑制本国（地区）企业的投资。

第二，重构被解释变量。为了验证基准回归结果的稳健性，还参考

Ottonello 和 Winberry（2018）的方法，使用企业固定资产净值的增长率表征企业的投资水平，表 5-7 的第（4）至（6）列报告了相应的估计结果。可以看出，anti1、anti2 和 anti3 的估计系数仍然显著为负，基准回归的结论仍然成立。

表 5-7　重构解释变量与重构被解释变量

变量名	重构解释变量			重构被解释变量		
	anti = anti1	anti = anti2	anti = anti3	anti = anti1	anti = anti2	anti = anti3
	（1）	（2）	（3）	（4）	（5）	（6）
anti	−1.5624 ***	−1.0754 ***	−0.7528 ***	−3.9411 ***	−2.5533 ***	−1.7827 *
	（−9.938）	（−11.930）	（−5.224）	（−3.211）	（−3.327）	（−1.860）
size	0.0001	0.0001	0.0001	0.0001	0.0001	0.0001
	（0.360）	（0.544）	（0.278）	（0.035）	（0.082）	（0.082）
lev	0.0016	0.0010	0.0029	−0.1089 ***	−0.1108 ***	−0.1049 ***
	（0.209）	（0.130）	（0.416）	（−5.079）	（−5.103）	（−5.059）
intang	−0.0399 ***	−0.0402 ***	−0.0428 ***	0.0620	0.0571	0.0580
	（−8.450）	（−9.153）	（−8.492）	（0.512）	（0.464）	（0.473）
sale_growth	0.0210 ***	0.0211 ***	0.0210 ***	0.2878 ***	0.2878 ***	0.2880 ***
	（6.239）	（6.235）	（6.254）	（7.449）	（7.450）	（7.449）
roa	0.0532 ***	0.0528 ***	0.0560 ***	0.2781 ***	0.2782 ***	0.2866 ***
	（5.969）	（5.799）	（5.813）	（3.739）	（3.760）	（3.906）
pgdp	−0.0030	−0.0034	−0.0085 ***	−0.0209	−0.0261 *	−0.0259 *
	（−1.090）	（−1.246）	（−2.708）	（−1.489）	（−1.697）	（−1.693）
gdp_growth	0.0307 **	0.0281 **	0.0345 **	0.1725 **	0.1684 *	0.1989 **
	（2.512）	（2.500）	（2.392）	（2.054）	（1.962）	（2.047）
tfp	0.0469 ***	0.0483 ***	0.0579 ***	0.1858	0.2233 *	0.1790
	（2.694）	（2.695）	（3.063）	（1.652）	（1.932）	（1.570）
exchange	−0.0002 **	−0.0001	−0.0003 ***	0.0000	0.0001	−0.0003
	（−2.398）	（−0.763）	（−3.015）	（0.022）	（0.091）	（−0.322）
常数项	−0.0719	−0.0311	−0.0216	−0.2633	−0.0954	−0.1341
	（−1.626）	（−1.048）	（−0.627）	（−1.544）	（−0.969）	（−0.990）
企业	是	是	是	是	是	是

续表

变量名	重构解释变量			重构被解释变量		
	$anti=anti1$	$anti=anti2$	$anti=anti3$	$anti=anti1$	$anti=anti2$	$anti=anti3$
	（1）	（2）	（3）	（4）	（5）	（6）
行业×年份	是	是	是	是	是	是
R^2	0.5025	0.5035	0.5009	0.3007	0.3007	0.3006
样本量	55614	55614	55614	55511	55511	55511

注：（）中数值为 t 值，标准误差在国家（地区）层面聚类。*、**、*** 分别代表 10%、5%、1% 的显著性水平。

3. 其他稳健性检验

第一，删除欧盟国家（地区）。欧盟是一个经济共同体，实行统一的对外政策，对于部分欧盟国家而言，其逆全球化冲击的发起是其他国家决策的结果。因此，删除欧盟国家的样本，重新进行估计。表 5-8 第（1）至（3）列的结果显示，$anti1$、$anti2$ 和 $anti3$ 的估计系数仍然显著为负。

第二，保留持续存在的企业。考虑到企业的进入退出会对企业投资产生重要影响，因此保留样本中持续存在的企业，重新进行估计。表 5-8 第（4）至（6）列的结果显示，$anti1$、$anti2$ 和 $anti3$ 的估计系数仍然显著为负。

表 5-8　其他稳健性检验

变量名	删除欧盟国家			保留持续存在的企业		
	$anti=anti1$	$anti=anti2$	$anti=anti3$	$anti=anti1$	$anti=anti2$	$anti=anti3$
	（1）	（2）	（3）	（4）	（5）	（6）
$anti$	-0.9304***	-0.7484***	-0.3514***	-1.2831***	-0.8602***	-0.4902***
	（-4.896）	（-6.044）	（-2.600）	（-5.485）	（-6.268）	（-3.030）
$size$	0.0001	0.0001	0.0001	0.0001	0.0001	0.0001
	（0.284）	（0.319）	（0.378）	（0.238）	（0.281）	（0.338）
lev	0.0012	0.0006	0.0019	0.0012	0.0001	0.0022
	（0.151）	（0.079）	（0.242）	（0.133）	（0.013）	（0.262）
$intang$	-0.0438***	-0.0446***	-0.0447***	-0.0528***	-0.0539***	-0.0548***
	（-6.762）	（-7.517）	（-7.117）	（-7.159）	（-8.073）	（-8.024）

续表

变量名	删除欧盟国家			保留持续存在的企业		
	$anti = anti1$	$anti = anti2$	$anti = anti3$	$anti = anti1$	$anti = anti2$	$anti = anti3$
	（1）	（2）	（3）	（4）	（5）	（6）
$sale\_growth$	0.0216***	0.0216***	0.0216***	0.0256***	0.0256***	0.0257***
	（6.304）	（6.310）	（6.314）	（8.097）	（8.066）	（8.146）
roa	0.0566***	0.0564***	0.0583***	0.0567***	0.0553***	0.0600***
	（5.745）	（5.727）	（5.514）	（4.751）	（4.805）	（4.391）
$pgdp$	−0.0072**	−0.0081**	−0.0079**	−0.0079**	−0.0088**	−0.0094**
	（−2.402）	（−2.427）	（−2.380）	（−2.609）	（−2.606）	（−2.631）
gdp_growth	0.0221*	0.0195*	0.0267*	0.0315**	0.0296**	0.0389**
	（1.902）	（1.851）	（1.934）	（2.411）	（2.442）	（2.222）
tfp	0.0446*	0.0505**	0.0469**	0.0513**	0.0619***	0.0530**
	（1.948）	（2.152）	（2.017）	（2.399）	（2.963）	（2.469）
$exchange$	−0.0001	−0.0001	−0.0002	−0.0001	−0.0000	−0.0001
	（−0.669）	（−0.502）	（−1.159）	（−0.332）	（−0.280）	（−1.008）
常数项	−0.0226	0.0005	0.0094	−0.0457	−0.0152	−0.0007
	（−0.637）	（0.019）	（0.420）	（−1.067）	（−0.652）	（−0.031）
企业	是	是	是	是	是	是
行业×年份	是	是	是	是	是	是
R^2	0.5012	0.5013	0.5008	0.4976	0.4976	0.4967
样本量	48819	48819	48819	30789	30789	30789

注：（）中数值为 t 值，标准误差在国家（地区）层面聚类。*、**、*** 分别代表 10%、5%、1% 的显著性水平。

三　机制检验

上文的机制分析部分指出，逆全球化通过降低资本品进口和减少外资流入这两个渠道影响本国（地区）企业的投资。接下来，对这两个机制进行实证检验。先检验逆全球化冲击对本国（地区）资本品进口规模和外资流入的影响，为此建立如下回归方程：

$$capital_{ct} = \rho_0 + \rho_1 \, anti_{ct} + \theta Z_{ct} + \eta_c + \eta_t + \mu_{ct} \tag{5-6}$$

$$fdi_{ct} = \rho_0 + \rho_1\,anti_{ct} + \theta\,Z_{ct} + \eta_c + \eta_t + \mu_{ct} \tag{5-7}$$

在式（5-6）和式（5-7）中，c 代表国家（地区），t 代表年份。$capital$ 为资本品进口，用各国（地区）资本品的进口数量来表示，相关数据来自 BECI 数据库；fdi 为外资流入，用各国（地区）外资流入占 GDP 的比重来衡量，相关数据来自世界银行 WDI 数据库。$anti$ 与 Z 的含义与式（5-1）一致。η_c、η_t 分别为国家（地区）和年份的固定效应；μ_{ct} 为随机误差项。表 5-9 第（1）至（3）列报告了对式（5-6）的估计结果。可以看到，$anti1$、$anti2$ 和 $anti3$ 的估计系数显著为负，表明经济逆全球化指数、贸易逆全球化指数与金融逆全球化指数的提高对本国（地区）资本品进口具有显著的负面影响，因此可以推出本国（地区）发起的逆全球化冲击会显著地降低本国（地区）的资本品进口规模。表 5-9 第（4）至（6）列报告了对式（5-5）的估计结果。可以看到，$anti1$、$anti2$ 和 $anti3$ 的估计系数同样显著为负，表明经济逆全球化指数、贸易逆全球化指数与金融逆全球化指数的提高对本国（地区）外资流入具有显著的负面影响，进而证明本国（地区）发起的逆全球化冲击会显著地降低本国（地区）的外资流入规模。

表 5-9 逆全球化对资本品进口和外资流入的影响

变量名	被解释变量为 $capital$			被解释变量为 fdi		
	$anti=anti1$	$anti=anti2$	$anti=anti3$	$anti=anti1$	$anti=anti2$	$anti=anti3$
	（1）	（2）	（3）	（4）	（5）	（6）
$anti$	−0.5732**	−0.4830**	−0.3085*	−1.6127***	−1.0244**	−1.1506***
	（−2.067）	（−1.984）	（−1.694）	（−2.731）	（−2.598）	（−2.724）
$pgdp$	0.0136*	0.0134*	0.0126	−0.5045	−0.2615	−0.6527
	（1.741）	（1.691）	（1.631）	（−0.785）	（−0.432）	（−1.016）
gdp_growth	0.0275	0.0274	0.0283	−0.0071	0.0800	0.1273
	（0.969）	（0.959）	（0.995）	（−0.004）	（0.040）	（0.064）
tfp	0.0166	0.0164	0.0160	0.8122	0.3944	0.7388
	（0.577）	（0.568）	（0.558）	（0.381）	（0.186）	（0.345）
$exchange$	−0.0001	−0.0001	−0.0001	0.0133**	0.0097*	0.0130*
	（−0.778）	（−0.967）	（−0.812）	（2.191）	（1.754）	（1.943）

变量名	被解释变量为 capital			被解释变量为 fdi		
	anti=anti1	anti=anti2	anti=anti3	anti=anti1	anti=anti2	anti=anti3
	（1）	（2）	（3）	（4）	（5）	（6）
常数项	−0.0148 （−0.390）	0.0228 （0.652）	0.0175 （0.727）	−8.4214* （−1.887）	−1.8692 （−0.529）	−4.7554 （−1.138）
国家（地区）	是	是	是	是	是	是
年份	是	是	是	是	是	是
R^2	0.9335	0.9335	0.9333	0.7681	0.7435	0.7676
样本量	1588	1582	1588	1588	1582	1588

注：（ ）中数值为 t 值，标准误差在国家（地区）层面聚类。*、**、*** 分别代表 10%、5%、1%的显著性水平。

表 5-9 的结果表明，逆全球化冲击显著地抑制了本国（地区）的资本品进口和外资流入，那么资本品进口规模和外资流入规模的下降强化了逆全球化对本国（地区）企业投资的抑制作用吗？为了回答这一问题，在式（5-1）的解释变量中引入资本品进口（capital）和外资流入（fdi）进行回归分析。表 5-10 的结果显示，一方面，capital 和 fdi 的估计系数在 1%的水平下显著为正，表明资本品进口规模和外资流入规模的下降显著抑制了本国企业的投资；另一方面，anti1、anti2 和 anti3 估计系数的绝对值较基准回归有所下降，说明在控制住资本品进口规模和外资流入规模后，逆全球化对本国企业投资的抑制作用有所减弱。至此，命题 5-2 得以验证。

表 5-10　资本品进口和外资流入对本国企业投资的影响

变量名	anti=anti1	anti=anti2	anti=anti3
	（1）	（2）	（3）
anti	−0.9157*** （−5.048）	−0.7429*** （−6.295）	−0.2656** （−2.184）
capital	0.0171*** （3.982）	0.0191*** （4.375）	0.0164*** （3.815）

续表

变量名	anti = anti1	anti = anti2	anti = anti3
	（1）	（2）	（3）
fdi	0.0012 ***	0.0012 ***	0.0013 ***
	（8.809）	（8.799）	（9.349）
size	0.0000	0.0000	0.0001
	（0.200）	（0.175）	（0.333）
lev	0.0024	0.0016	0.0028
	（0.644）	（0.430）	（0.756）
intang	−0.0399 ***	−0.0398 ***	−0.0410 ***
	（−5.663）	（−5.658）	（−5.811）
sale_growth	0.0203 ***	0.0203 ***	0.0203 ***
	（14.023）	（14.026）	（14.013）
roa	0.0433 ***	0.0423 ***	0.0448 ***
	（8.070）	（7.867）	（8.300）
pgdp	−0.0084 ***	−0.0085 ***	−0.0096 ***
	（−6.853）	（−7.011）	（−7.924）
gdp_growth	0.0294 ***	0.0256 ***	0.0325 ***
	（6.126）	（5.341）	（6.664）
tfp	0.0510 ***	0.0570 ***	0.0541 ***
	（5.282）	（6.003）	（5.540）
exchange	−0.0001	−0.0001	−0.0001
	（−0.887）	（−0.436）	（−1.225）
常数项	0.2589 ***	0.2138 ***	0.0983 ***
	（5.651）	（7.238）	（3.104）
国家（地区）	是	是	是
年份	是	是	是
R^2	0.5021	0.5023	0.5017
样本量	55614	55614	55614

注：（）中数值为 t 值，标准误差在国家（地区）层面聚类。** 、*** 分别代表 5%、1%的显著性水平。

四 差异化分析

1. 基于国家（地区）收入特征的差异化分析

第一，基于国家（地区）收入特征的差异化分析。前文的事实分析已经发现，国际金融危机以后中高收入国家（地区）成为逆全球化的主力。那么一个自然的问题是，中高收入国家（地区）发起的逆全球化冲击对本国（地区）企业投资的抑制作用会更小吗？为了回答这一问题，在解释变量中引入各个逆全球化指数与中等收入国家（地区）虚拟变量（*mid*）和高收入国家（地区）虚拟变量（*high*）的交互项。① 表 5-11 第（1）至（3）列的结果表明，各个逆全球化指数与 *mid* 和 *high* 的交互项系数均显著为负，表明相对于低收入国家（地区），中等和高收入国家（地区）发起的逆全球化冲击对本国（地区）企业投资的抑制作用更大，因此中等和高收入国家（地区）发起的逆全球化冲击无异于"搬起石头砸自己的脚"。这可能是因为，中等和高收入国家（地区）嵌入全球价值链分工的程度更深（见表 3-3），其企业的投资活动对国（地区）外资本品和国（地区）外资本的依赖程度更大。

第二，中国的特殊性。作为全球最大的制造业国家，中国制造已经深度融入国际分工，这不仅体现为上一章中所提到的巨大规模中间品进口，也体现为大量的资本品进口和外资流入。一方面，根据 BACI 数据库发现，2022 年中国资本品进口规模高达 2047.66 亿美元，在全球排在第三位，这些进口的资本品成为中国企业新增投资的重要组成部分。另一方面，制造业是中国吸引外资的重要领域，2023 年中国制造业实际使用外资 3179.2 亿元，占全国实际使用外资金额的比重接近 28.04%，这些流入中国制造业的外资成为推动制造业企业扩大投资的重要动力（李磊等，2018）。因此，可以推断出中国若推行逆全球化政策，必然给本国企业的投资带来更大的不利影响。为了验证这一猜测，在解释变量中引入各个逆全球化指数与中国虚拟变量（*chn*）的交互项。表 5-11 第（4）至（6）列的结果表

① 高收入国家（地区）包括 OECD 国家（地区）和其他高收入国家（地区），中等收入国家（地区）包括中高收入国家（地区）和中低收入国家（地区）。

明，相对于其他国家（地区），中国逆全球化程度的提高会对本国（地区）企业的投资产生更大的抑制作用，因此中国必须高举经济全球化的旗帜，提高贸易和投资便利化水平。

表 5-11 基于国家（地区）收入特征的差异化分析

变量名	$anti = anti1$	$anti = anti2$	$anti = anti3$	$anti = anti1$	$anti = anti2$	$anti = anti3$
	（1）	（2）	（3）	（4）	（5）	（6）
anti	3.3511***	0.9849**	4.6459***	-0.4477***	-0.2991**	-0.1973*
	(2.805)	(2.085)	(2.644)	(-2.995)	(-2.298)	(-1.768)
anti×mid	-4.6200***	-1.9708***	-4.9832***			
	(-4.131)	(-3.909)	(-2.973)			
anti×high	-3.9064***	-1.2032*	-5.3243***			
	(-3.045)	(-1.852)	(-3.032)			
anti×chn				-4.1478***	-1.3795***	-1.0081***
				(-11.160)	(-5.679)	(-3.593)
size	0.0001	0.0001	0.0001	0.0000	0.0001	0.0001
	(0.324)	(0.360)	(0.370)	(0.214)	(0.325)	(0.369)
lev	0.0024	0.0016	0.0032	0.0009	0.0009	0.0033
	(0.331)	(0.222)	(0.466)	(0.119)	(0.127)	(0.471)
tang	-0.0418***	-0.0427***	-0.0431***	-0.0369***	-0.0413***	-0.0421***
	(-7.810)	(-8.632)	(-8.214)	(-7.310)	(-8.659)	(-7.939)
sale_growth	0.0211***	0.0210***	0.0210***	0.0211***	0.0210***	0.0211***
	(6.267)	(6.296)	(6.252)	(6.287)	(6.297)	(6.255)
roa	0.0546***	0.0539***	0.0565***	0.0520***	0.0526***	0.0569***
	(6.009)	(5.928)	(5.650)	(5.870)	(5.655)	(5.690)
pgdp	-0.0088***	-0.0097***	-0.0098***	-0.0070***	-0.0099***	-0.0092***
	(-3.020)	(-2.878)	(-2.793)	(-3.203)	(-3.036)	(-2.759)
gdp_growth	0.0313**	0.0280**	0.0341**	0.0303**	0.0244**	0.0374**
	(2.439)	(2.614)	(2.214)	(2.465)	(2.309)	(2.250)
tfp	0.0521***	0.0612***	0.0551***	0.0447**	0.0625***	0.0516**
	(2.685)	(3.015)	(2.769)	(2.588)	(3.137)	(2.608)
exchange	-0.0001	-0.0001	-0.0002	-0.0002	-0.0002	-0.0002
	(-0.769)	(-0.517)	(-1.363)	(-1.454)	(-1.315)	(-1.195)

变量名	anti = anti1	anti = anti2	anti = anti3	anti = anti1	anti = anti2	anti = anti3
	（1）	（2）	（3）	（4）	（5）	（6）
常数项	−0.0323	−0.0054	0.0034	−0.0897***	−0.0073	−0.0102
	（−0.887）	（−0.271）	（0.176）	（−4.654）	（−0.483）	（−0.681）
企业	是	是	是	是	是	是
行业×年份	是	是	是	是	是	是
R^2	0.5012	0.5013	0.5006	0.5026	0.5016	0.5008
样本量	55614	55614	55614	55614	55614	55614

注：（ ）中数值为 t 值，标准误差在国家（地区）层面聚类。*、**、*** 分别代表 10%、5%、1% 的显著性水平。

2. 基于企业经营特征的差异化分析

除了国家（地区）收入特征会作用于逆全球化对本国（地区）企业投资的影响外，企业经营特征也可能作用于逆全球化对本国（地区）企业投资的影响。企业之间的投资机会和经营绩效等存在较大差异，对于投资机会较少或经营绩效不太理想的企业而言，通过参与全球价值链分工，引进境外的中间品和资本是其能够扩大再生产的重要动因。比如，大量的实证研究发现，中国大量低效率企业通过进料加工、来料加工等加工贸易方式进行生产（李春顶，2010；戴觅等，2014；Tian and Yu，2015）。因此，一国（地区）发起的逆全球化冲击可能对投资机会较少或经营绩效较差企业投资的抑制效应更大。为了验证这一猜测，分别在解释变量中引入各个逆全球化指数与企业投资机会（sale_gro）和企业经营绩效（roa）的交互项。表 5-12 第（1）至（3）列的结果显示，各个逆全球化指数与 sale_gro 的交互项均显著为正，表明企业投资机会越少，本国（地区）逆全球化对其投资的抑制作用越大，符合预期。表 5-12 第（4）至（6）列的结果显示，各个逆全球化指数与 roa 的交互项也均显著为正，表明企业经营绩效越差，本国（地区）逆全球化对其投资的抑制作用越大，与预期相一致。

表 5-12　基于企业经营特征的差异化分析

变量名	投资机会的差异化			经营绩效的差异化		
	anti = anti1	anti = anti2	anti = anti3	anti = anti1	anti = anti2	anti = anti3
	（1）	（2）	（3）	（4）	（5）	（6）
anti	-1.0581 **	-0.8264 **	-0.3943 *	-1.0944 **	-0.8364 ***	-0.4986 ***
	（-2.049）	（-3.520）	（-1.642）	（-2.091）	（-3.543）	（-1.849）
anti×sale_gro	0.5441 ***	0.5002 ***	0.5387 ***			
	（7.536）	（6.888）	（6.163）			
anti×roa				2.1287 ***	1.8363 ***	2.1164 ***
				（4.132）	（3.461）	（3.885）
size	0.0001	0.0001	0.0001	0.0001	0.0001	0.0001
	（0.271）	（0.319）	（0.362）	（0.289）	（0.344）	（0.370）
lev	0.0022	0.0018	0.0028	0.0018	0.0012	0.0026
	（0.311）	（0.250）	（0.409）	（0.234）	（0.157）	（0.359）
intang	-0.0443 ***	-0.0450 ***	-0.0452 ***	-0.0410 ***	-0.0419 ***	-0.0420 ***
	（-8.380）	（-8.786）	（-8.616）	（-7.941）	（-8.542）	（-8.220）
sale_growth	0.0524 ***	0.0509 ***	0.0503 ***	0.0207 ***	0.0208 ***	0.0207 ***
	（10.827）	（10.533）	（9.039）	（6.305）	（6.352）	（6.283）
roa	0.0535 ***	0.0536 ***	0.0549 ***	0.1803 ***	0.1715 ***	0.1760 ***
	（6.006）	（6.092）	（5.636）	（5.322）	（4.827）	（4.923）
pgdp	-0.0085 ***	-0.0092 ***	-0.0099 ***	-0.0085 ***	-0.0092 ***	-0.0099 ***
	（-2.876）	（-2.772）	（-2.756）	（-2.973）	（-2.840）	（-2.833）
gdp_growth	0.0275 **	0.0254 **	0.0328 **	0.0275 **	0.0254 **	0.0328 **
	（2.394）	（2.447）	（2.261）	（2.394）	（2.447）	（2.261）
tfp	0.0548 ***	0.0624 ***	0.0559 ***	0.0539 ***	0.0611 ***	0.0547 ***
	（2.846）	（3.028）	（2.839）	（2.835）	（3.027）	（2.829）
exchange	-0.0001	-0.0001	-0.0002	-0.0001	-0.0001	-0.0002
	（-0.740）	（-0.584）	（-1.365）	（-0.757）	（-0.647）	（-1.342）
常数项	-0.0352	-0.0108	0.0039	-0.0358	-0.0098	-0.0011
	（-0.953）	（-0.458）	（0.206）	（-0.976）	（-0.430）	（-0.055）
企业	是	是	是	是	是	是
行业×年份	是	是	是	是	是	是

续表

变量名	投资机会的差异化			经营绩效的差异化		
	anti = anti1	anti = anti2	anti = anti3	anti = anti1	anti = anti2	anti = anti3
	（1）	（2）	（3）	（4）	（5）	（6）
R²	0.5030	0.5031	0.5023	0.5019	0.5019	0.5014
样本量	55614	55614	55614	55614	55614	55614

注：（ ）中数值为 t 值，标准误差在国家（地区）层面聚类。＊、＊＊、＊＊＊分别代表 10%、5%、1% 的显著性水平。

第四节 本章小结

在国际垂直专业化分工的体系下，各国（地区）的投资活动中需要大量使用国外的资本品或资本，各国（地区）发起的逆全球化冲击可以波及本国（地区）企业的投资。因此，以国家（地区）间资本品或资本流动为表征的产业投入产出关联可能是逆全球化能够产生波及效应的重要机制。为此，本章以逆全球化对本国（地区）企业投资的影响为例，探讨了资本品和资本流动视角下逆全球化的波及效应。

首先，本章在国际垂直专业化分工体系下分析了逆全球化冲击影响本国（地区）企业投资的内在机制。本章认为逆全球化冲击至少通过以下两个路径抑制本国（地区）企业的投资。第一，在国际垂直专业化分工体系下，一国（地区）企业的投资需要使用来自国（地区）外的资本品，因此本国（地区）发起的逆全球化冲击会抑制本国（地区）资本品的进口，进而降低本国（地区）企业的投资水平。第二，在国际垂直专业化分工体系下，一国（地区）企业的投资需要使用来自国（地区）外的资本，因此本国（地区）发起的逆全球化冲击会减少本国（地区）的外资流入，进而抑制本国（地区）企业的投资。

其次，本章基于 2008~2017 年全球 82 个国家（地区）7810 家企业的数据实证检验了逆全球化对本国（地区）企业投资的影响。第一，基准回归的结果表明，逆全球化冲击会显著降低本国（地区）企业的投资水平。第二，稳健性检验部分，在从剔除超级明星企业、剔除金融危机的影响、控制社会逆全球化与政治逆全球化、进行两阶段最小二乘回归、以英国脱欧为准自然实验等方面处理内生性问题，重新测度解释变量与被解释变量以及进行其他稳健性检验后，基准回归的结论依然成立。第三，机制检验部分发现，逆全球化通过减少资本品进口和外资流入抑制了本国（地区）企业的投资，验证了机制分析的结论。第四，差异化分析发现，其一，相对于低收入国家（地区），中等和高收入国家（地区）发起的逆全球化冲击对本国（地区）企业投资的抑制作用更大；其二，相对于其他国家（地区），中国逆全球化程度的提高会对本国（地区）企业的投资产生更大的抑制作用；其三，企业经营绩效越差，本国（地区）逆全球化对其投资的抑制作用越大。

第六章
垂直专业化分工背景下中国
应对逆全球化的策略

在垂直专业化分工体系下，各国（地区）的生产活动深度合作、相互衔接、相互依存，形成了"一荣俱荣、一损俱损"的危机传染机制，逆全球化的影响效应将被急剧放大。当前中国经济已经深度融入全球垂直专业化分工体系之中，成为全球最为重要的制造平台，逆全球化将给中国经济带来较大的冲击。本书一方面，通过理论分析厘清了在垂直专业化背景下逆全球化波及效应的传导路径；另一方面，结合全球贸易预警数据库、世界投入产出数据库以及 Compustat Global 数据库等数据库的数据定量地考察逆全球化的波及效应。本书研究结论可以为中国应对逆全球化挑战提供有益的参考和借鉴。

第一节　研究结论

本书认为，在垂直专业化分工背景下逆全球化可以通过影响中间品流动规模、中间品购进成本以及资本品和资本流入三个渠道产生广泛的波及效应。因此，本书在对现有研究进行综述的基础上，分析和检验了在垂直专业化分工背景下逆全球化产生波及效应的三大渠道。首先，本书对 21 世纪以来全球价值链分工与逆全球化的发展特征进行概括总结，为下文的理论分析和实证检验奠定了现实基础。其次，将国家（地区）-行业间的投入产出联系引入传统的贸易模型，指出贸易成本的变动通过影响中间品流动规模产生跨区域跨行业的产出影响效应，并以中美贸易摩擦为例对模型进行参数校正，探讨了中美贸易摩擦的产出影响效应，从而证明了逆全球化所导致的中间品流动规模的降低可以产生波及效应。再次，通过拓展Melitz（2003）所开发的异质性企业贸易模型，从理论上阐述了上游行业贸易保护对本国（地区）产出的影响，并且基于全球贸易预警数据库和世界投入产出数据库的合并数据实证检验了上游行业贸易保护对本国（地区）产出的影响，从而证明了逆全球化所导致的中间品购进成本的提高可以产生波及效应。最后，通过理论分析表明垂直专业化分工的背景下逆全球化冲击通过抑制资本品进口和资本流入来抑制本国（地区）企业投资，并基于2008~2017年全球82个国家（地区）7810家企业层面的数据实证检验了逆全球化对本国（地区）企业投资的影响，进而证明了逆全球化通过影响资本品和资本流动也能产生波及效应。具体来说，本书主要得到以下结论。

第一，高收入国家（地区）和中等收入国家（地区）更多是以出口中间品的方式参与国际分工，处于全球价值链的上游，而低收入国家（地区）位于全球价值链的下游。经过对全球价值链分工演变特征的分析发现，①全球价值链参与度在稳步提高，并且全球价值链参与度的提高主要是由全球价值链复杂参与的提升引致的。②从国家（地区）层面看，各国（地区）GVC前向参与度和GVC后向参与度存在一定差异，一方面，相对于中等收入国家（地区）和低收入国家（地区），高收入国家（地区）更多地出口中间品和进口中间品；另一方面，相对于GVC前向参与度，高收入国家（地区）和中等收入国家（地区）GVC后向参与度更大。③各大类行业GVC前向参与度和GVC后向参与度存在一定差异，在GVC前向参与度方面，采掘业的GVC前向参与度最高；在GVC后向参与度方面，高技术制造业和贸易与运输业的后向参与度比较高。④随着国家（地区）收入水平的提高，其GVC分工位置指数也在逐步提高，即高收入国家（地区）位于GVC的上游，而低收入国家（地区）位于GVC的下游。⑤采掘业的GVC分工位置指数最高，从制造业内部看，随着制造业技术密集度的提升，其GVC分工位置指数趋于下降；从服务业内部看，其他服务业的GVC分工位置指数比较高。

第二，国际金融危机以来，以贸易保护为重要表现形式的逆全球化风潮涌动，中高收入国家（地区）的逆全球化态势相对比较明显。从总体和典型事实层面两个层面对逆全球化演变特征的分析发现，①在2008年国际金融危机以后逆全球化的思潮涌动，特别是中等收入国家（地区）的逆全球化态势较为明显，同时以几内亚等为代表的低收入国家（地区）也出现了较为严重的逆全球化趋势。②贸易保护是当前逆全球化兴起的重要表现形式。其一，各国（地区）发起的贸易保护呈现周期性波动趋势；其二，基础钢材、钢铁制品和其他金属制品是被实施贸易保护措施频次最高的三类产品；其三，发起贸易保护措施的国家（地区）具有普遍性，不仅美国、德国、意大利、法国、英国等发达国家（地区）倾向于发起更多的贸易保护措施，阿根廷、印度、巴西、土耳其、俄罗斯等发展中国家（地区）也倾向于发起更多的贸易保护措施；其四，贸易救济措施和关税措施发起数量的占比呈下降趋势，而非关税措施、本地化措施和政府采购措施发起数量的占比呈上升趋势，贸易保护措施的隐蔽性正在变强。

第三，中美贸易摩擦通过降低中间品流动规模产生了广泛的产出影响效应，证实了在垂直专业化分工背景下逆全球化可以通过影响中间品流动规模产生波及效应。在第三章中，将国家（地区）-行业间的投入产出联系引入传统的贸易模型，分析以贸易成本提高为表征的逆全球化对产出的影响发现，贸易成本的变动通过影响中间品流动规模产生跨区域跨行业的产出影响效应。随后，第三章以中美贸易摩擦为例对模型进行参数校准，探讨了中美贸易摩擦对各国（地区）各行业产出的短期影响发现，①中美贸易摩擦对中美两国产出产生了相对较大的不利影响。具体而言，中美贸易摩擦对中国的纺织、服装与皮革制品业，计算机电子和光学设备制造业，家具制品与其他制造业等行业的产出产生了相对较大的不利影响；中美贸易摩擦对美国的农业，渔业，林业，食品、饮料与烟草制造业等行业的产出产生了相对较大的不利影响。②中美贸易摩擦通过影响跨国家（地区）和跨行业间的中间品流动产生了广泛的产出影响效应，主要表现为三个方面，其一，中美贸易摩擦对位于中国和美国产业链上游的中国台湾、韩国、澳大利亚、日本、俄罗斯等国家（地区）的产出也产生了相对较大的不利影响。具体而言，美国对中国加征关税会严重冲击到中国台湾、韩国、日本的计算机电子和光学设备制造业以及澳大利亚、俄罗斯的采掘业，中国对美国加征关税会严重冲击到加拿大、墨西哥、中国台湾的林业和渔业以及爱尔兰、韩国的化工及其制品业。因为这些行业的产品是中美两国生产所需的重要中间投入品，下游出口的减少必然使得这些行业的产出下降。其二，中美贸易摩擦对中美两国农林渔业、采掘业和制造业产出的不利影响相对较大，不仅仅是因为中美贸易摩擦使得这些行业出口下降，进而带来产出的下降（直接产出变动），还是因为其他行业出口的减少造成对农林渔业、采掘业和制造业中间投入需求的降低，进而引致农林渔业、采掘业和制造业产出的下降（间接产出变动）。具体而言，中美贸易摩擦后间接产出变动占中国农林渔业、采掘业和制造业产出变动的比重在 50%以上，中美贸易摩擦后间接产出变动占美国农林渔业、采掘业和制造业产出变动的比重在 40%以上。其三，尽管在中美贸易摩擦中，中美两国是对农林渔业、采掘业和制造业产品相互加征关税，但是中美贸易摩擦对中美两国以运输仓储、批发零售、科学研究和开发为代表的生产性服务业的产出也产生了一定的不利影响。

第四，上游行业贸易保护通过提高中间品购进成本显著地抑制了本国（地区）产出的增长，证实了在垂直专业化分工背景下逆全球化可以通过影响中间品购进成本产生波及效应。在第四章中，通过拓展 Melitz（2003）所开发的异质性企业贸易模型，从理论上阐述上游行业贸易保护对本国（地区）产出的影响。在理论模型中，国（地区）外中间品作为企业生产过程中所使用的重要投入品，本国（地区）实施的上游行业贸易保护措施提高了企业所使用的中间品购进价格，而企业中间品购进价格的提高，又通过两个渠道抑制行业的产出。一方面，企业中间品购进价格的提高迫使存续企业提高产品价格、降低产出，同时也降低了存续企业劳动力需求；另一方面，企业中间品购进价格的提高可能使得企业营业利润为负，进而促使低效率企业退出市场，造成行业的产出下降与工人失业。根据理论模型推导，得出三个命题：上游行业贸易保护对本国（地区）的产出具有抑制效应；提高中间品购进成本是上游行业贸易保护抑制本国（地区）产出的重要机制；行业的生产率越高，上游行业贸易保护对本国（地区）产出的抑制效应越明显。然后基于全球贸易预警数据库（GTA）和世界投入产出数据库（WIOD）的合并数据实证检验了上游行业贸易保护对本国（地区）产出的影响。结果表明：①上游行业贸易保护对本国（地区）产出具有显著的抑制作用，在控制住内生性问题、重新测度解释变量与被解释变量、处理可能存在的异常值后，该结论依然成立；②提高中间品购进成本是上游行业贸易保护抑制本国（地区）产出的重要渠道；③在生产率较高的行业，上游行业贸易保护对本国（地区）产出的抑制效应较明显；④在各类贸易保护措施中，上游行业的关税与政府采购措施均会对本国（地区）的产出产生显著的抑制效应，其中，上游行业关税措施对本国（地区）产出的抑制作用最明显；⑤相对于其他国家（地区），上游行业贸易保护对中国的产出产生了更明显的抑制作用。

第五，逆全球化冲击通过抑制资本品进口和资本流入来抑制本国（地区）企业投资，证实了在垂直专业化分工背景下逆全球化可以通过影响资本品进口和资本流动产生波及效应。第五章中，基于国际垂直专业化分工的背景分析了逆全球化冲击影响本国（地区）企业投资的内在机制指出，逆全球化冲击至少通过两个路径抑制本国（地区）企业的投资：①在全球垂直专业化分工体系下，一国（地区）企业的投资需要使用来自国（地区）外的资本品，因此本国（地区）发起的逆全球化冲击会抑制本国（地区）资本品的进口，进而降低本国（地区）企业的投资水平；②在全球垂直专业化分工体系下，一国（地区）企业的投资需要使用来自国（地区）外的资本，因此本国（地区）发起的逆全球化冲击会减少本国（地区）的外资流入，进而抑制本国（地区）企业投资。然后，结合2008~2017年全球82个国家（地区）7810家企业的数据实证检验了逆全球化对本国（地区）企业投资的影响发现，①逆全球化冲击会显著降低本国（地区）企业的投资水平，在从多个角度进行稳健性检验后，该结论依然成立。②机制检验部分发现，逆全球化通过减少资本品进口和外资流入抑制了本国（地区）企业的投资，验证了机制分析的结论。③差异化分析发现，其一，相对于低收入国家（地区），中等和高收入国家（地区）发起的逆全球化冲击对本国（地区）企业投资的抑制作用更大；其二，相对于其他国家（地区），中国逆全球化程度的提高会对本国（地区）企业的投资产生更大的抑制作用；其三，企业经营绩效越差，本国（地区）逆全球化对其投资的抑制作用越大。

第二节 应对策略

本书的理论与实证分析已经证明，在垂直专业化分工背景下逆全球化会通过多种渠道产生广泛的波及效应。我们既要充分发挥垂直专业化分工对资源配置效率的优化作用，也要尽量规避逆全球化冲击沿着垂直专业化分工网络所产生的负面冲击。为了更好地应对垂直专业化分工背景下逆全球化对中国经济的不利影响，推动中国经济持续健康稳定发展，本书提出如下政策建议。

一 坚持经济全球化正确方向，推动贸易与投资便利化

本书的研究已经表明，各国（地区）发起的逆全球化冲击不仅损害他国（地区）利益还伤及自身，相对于其他国家（地区），中国逆全球化程度的提高会对本国（地区）产生更大的不利影响。因此，中国不仅要继续作为全球化的参与者和拥护者，还要努力成为全球化的倡导者、设计者和引领者之一。为此，中国应坚持经济全球化正确方向，推动贸易与投资便利化。

（一）持续扩大面向全球的高标准自由贸易区网络

自由贸易协定可以通过制度安排，抑制国家（地区）间逆全球化措施的实施，提升国家（地区）间投资贸易的便利化水平。与此同时，全球价值链分工的深入发展也需要更高水平的贸易投资规则来促进商品和要素的跨境流动。

第一，继续探索与他国（地区）建立新的区域贸易协定。中国在参与、订立区域贸易协定时可根据我国经济发展实践采取由内及外、由近及远、由点及面的总体战略规划方案，即我们当前应当重视"内""近""点"的建设，有计划、有步骤地向"外""远""面"扩展与延伸。在选择缔约伙伴国时，还应结合我国新发展阶段的需求，加强国家间的产能合作实现产业升级，根据缔约国家的差异签订自由化水平不同的协定，兼顾

各方的利益诉求和协定的平衡性。具体而言,中国首先需要立足东亚,在中国-东盟自由贸易协定、中国-新加坡自由贸易协定的基础上,可以选择马来西亚、泰国、印度尼西亚等国作为自由贸易协定的缔约国,研究其可行性。然后对于一些尽管与中国相距较远,但是与中国有良好贸易关系的国家(地区),我们也应研究现有的一些框架合作安排,适时推动正式的自由贸易区建设,比如中国—巴西、中国—南非等。

第二,升级已有的自由贸易协定。在全球多边贸易体制陷入僵局的背景下,依靠 WTO 框架来形成新的投资贸易规则已不现实,因此可以在区域贸易协定的平台上纳入国有企业行为、知识产权保护、劳工标准、投资等高水平的投资贸易规则。并且对于这些高水平的条款,要注重保证其法律可执行性。中国自由贸易区服务网的数据显示,截至 2025 年 1 月底,中国已经签订的自由贸易协定达 21 个,对于中国已经签订生效的自由贸易协定,通过规则深度的深化对其进行有效升级,对于中国提升贸易与投资便利化水平具有重要意义。

(二) 继续推进高质量共建"一带一路"

"一带一路"倡议是我国为推动高水平对外开放与构建人类命运共同体理念的一大创举,它顺应了经济全球化的历史发展大趋势以及沿线各国(地区)发展的现实需求,为破解当今"逆全球化"难题指明了一条合作共赢的新思路新道路。

第一,完善共建"一带一路"国家的基础设施。一是要注重共建国家的交通运输基础设施基本建设。随着高速公路、高速铁路、海港码头、货运航空技术及物联网等技术的进一步成熟,应积极主动对接相关国家了解其发展战略规划及需求,可以从交通运输基础设施方面先导运行,以交通基础设施互联互通为导向,积极参与各国的铁路、公路、港口码头、机场等建设,尤其是海港码头及综合枢纽工程等,通过出口中国的基建服务,提高相关国家的整体交通基建水平、促进共建国家间贸易的畅通。二是高度重视信息通信基础设施建设。随着互联网、大数据、5G 等信息通信技术及网络技术的成熟,可考虑从原有信息通信基础设施升级改造入手,帮助建设包括移动互联网、物联网、大数据、云计算等方面在内的信息网络平台建设以及区域内跨境海底通信光缆、卫星通信网络等干线网络,提高共建国家信息网络的软硬件能力，提升信息互联互通水平，从而可以提高贸易沟通效率、提升国际贸易的便利化水平。三是着力解决共建国家基础建设资金缺乏的问题。共建"一带一路"国家基础建设落后的主要原因还是融资资金的缺乏。因此应开拓思路、拓宽融资渠道、优化融资模式、加强多边国际金融合作，提高共建国家基础设施建设的资金可获得性；积极争取与世界银行、国际货币基金组织（IMF）、亚洲开发银行及亚洲基础设施投资银行等国际金融机构的跨国协调与合作，充分利用好丝路基金的专项投资基金优势，降低基础设施建设融资成本。

第二，加强共建国家间货物通关协调合作。一是加强共建国家间的商品技术标准和检验检疫标准的协调。由于各方在技术和检测标准等方面的差异，共建国家间出口的商品的检验和认证结果得不到认可。因此应通过积极促成共建国家间对 TBT、SPS 等相关问题的磋商，加强认证领域的合作，打破技术贸易壁垒。二是加强共建国家间的通关便利化合作。要加强共建国家间的信息沟通，提升政策的透明度，要建立公开信息的发布渠道和信息传递机制，比如可以在"一带一路"倡议下促使共建国家签订海关协议。共建国家还要加强海关合作，在简化海关手续、海关联合监管、口岸基础设施建设等方面进行深度合作。三是推进共建国家间 AEO 制度合作。AEO 制度是世界海关组织《全球贸易安全与便利标准框架》中的核心制度，旨在通过海关与海关、海关与商界以及海关与其他政府部门的合作，将海关监管风险最小化，从而促进全球供应链安全与贸易便利化，实现关企互利共赢、贸易畅通。中国海关总署的数据显示，截至 2024 年 12 月，中国海关已与 29 个经济体签署 AEO 互认协议，覆盖 54 个国家（地区）。应积极关注共建国家 AEO 制度推进情况，并且在具备条件的情况下推进与共建国家达成 AEO 制度互认协议。

第三，不断提升共建国家间的投资便利化水平。一是加强共建国家间有关投资便利化的相互协调与协作。应该让各国充分了解投资便利化对促进对外直接投资的重要性，了解投资便利化的提升有助于共建国家经济的共同发展。在就投资便利化问题进行协商时应充分考虑各国经济、政治、文化的差异性，协商时应对投资便利化所包含的内容制定不同的标准。二是建设投资促进平台，充分普及"一带一路"共建国家投资便利化信息。企业在进行海外投资前应该充分了解东道国经济、政治、文化和法律等各方面信息，但是企业在对沿线各国投资时会遇到获取信息困难的情况。目前，企业海外投资前获取信息渠道较为单一。为切实推动企业参与"一带一路"建设，相关部门应该建设投资促进平台，为企业提供东道国经济、法律、政策、税务、文化和保险等方面的投资咨询服务，使企业更加深入地了解东道国的宏观经济环境等方面的情况，全面掌握东道国投资便利化信息，能够使企业规避海外投资风险。

二　建设全国统一大市场，完善国内价值链

逆全球化不仅使得全球产业链遭受着多重冲击，也使得全球产业链在断裂和重整中实现着重新布局。前文研究的结果显示，各国（地区）发起的逆全球化冲击均会沿着全球产业链产生广泛的波及效应。因此依托我国超大规模国内市场的优势，建设全国统一大市场，进而构建相对完整和独立的国内产业链，对稳定企业经营环境、降低企业对国际经济环境的依赖度、保证国内经济稳步协调发展，具有重要的现实意义。

（一）加快建设全国统一大市场

2022年4月发布的《中共中央 国务院关于加快建设全国统一大市场的意见》强调，加快建立全国统一大市场制度规则，打破地方保护和市场分割，打通制约经济循环的关键堵点，促进商品要素资源在更大范围内畅通流动，加快建设高效规范、公平竞争、充分开放的全国统一大市场。

第一，以高标准市场体系建设推动形成新发展格局。推进统一标准的市场体系建设，必须消除区域市场壁垒，加快制度性改革。要坚持问题导向，针对地方保护、行政性垄断、条块分割、准入壁垒等各种痼疾，深化体制机制改革，破除歧视性、隐蔽性的区域市场准入限制。要切实发挥好政府作用，制定统一的产品标准、企业准入标准、监管标准，建立区域政策协调平台，促使生产、分配、流通、消费各环节顺畅衔接，促进产业链供应链高效贯通与整合，激发各类市场主体参与市场竞争的活力和创新力。要形成统一规范的市场规则，建设法治化、国际化、便利化的营商环境，畅通国内国际双循环。

第二，健全以公平竞争政策为核心的市场体系基础制度。全国统一大

市场既体现在地理和空间上，更体现在统一市场的制度规则上。公平竞争是高标准市场体系的核心，要坚持市场化、法治化方向，全面完善市场体系基础制度。完善以公平为原则的产权保护制度，健全产权保护制度，依法平等保护各种所有制企业产权和自主经营权，建立知识产权侵权惩罚性赔偿制度。强化公平竞争审查制度刚性约束，坚持竞争政策的基础性地位，健全公平竞争审查制度，加强反垄断和反不正当竞争执法司法，完善现代化市场监管机制，提升市场综合监管能力。完善市场准入和退出机制，实施统一大市场准入负面清单制度，对市场主体一视同仁，推行"全国一张清单"，把控好政府与市场边界。简化审批流程，降低各类显性和隐性门槛，弥合各地市场分割，完善全国统一大市场建设。建立市场准入负面清单动态调整与公开评估机制，持续升级新业态和新商业模式，市场准入负面清单需要落实"一年一修，动态调整"，在技术层面与新经济紧密结合，在政策层面与"放管服"改革充分匹配。

第三，构建各类要素统一市场。深化要素市场化配置改革，健全要素市场运行机制。要素市场化配置水平是我国市场体系是否成熟的标志。由于要素市场发育相对滞后，市场配置资源的体制机制障碍依然存在，新型要素的产权、定价、交易等机制尚未确立，这些都成为全国统一大市场建设的关键短板，需要构建各类生产要素的统一市场。如通过建立城乡统一的建设用地、产业用地市场推进土地要素市场化配置，通过深化户籍制度改革引导劳动力要素自由有序流动，通过多层次资本市场体系推进资本要素市场化配置，通过促进技术要素与资本要素融合发展完善科技创新资源配置方式，积极引导培育大数据交易市场。不仅要推进构建各类要素统一市场，更要发挥要素市场化价格的引导作用，促进要素市场运行机制形成，实现要素资源的高效配置，实现各类要素向创新性要素集聚，形成创新性竞争优势。

第四，注重市场基础设施一体化建设。一是建设统一的市场服务平台。建设统一商品供需信息发布平台，构建政务数据资源共享平台，提升数据信息治理能力。统一数据采集与交换规范标准，推动部门间数据共享、交换对接。逐步向社会开放有价值的公共数据资源，提供统一数据资源开放、共享标准和服务。二是加强金融基础设施建设。促进金融基础设施互联互通，统一债券市场登记结算、托管标准，适时推进债券市场的业务和监管整合。发布关于金融数据共享的法规或指导意见。强化核心金融基础设施建设，建立集中统一的金融数据库，促进本外币一体化跨境支付平台建设，提升金融治理水平，稳步推进金融业关键信息基础设施国产化，构建国家金融安全网。三是构建市场基础设施一体化网络。打造综合交通网络，协同推进交通、能源、水利、信息等跨区域重大基础设施建设，构建现代货运物流体系，强化铁路、水运港口协同联动，推动区域内公共物流园区、仓库共享，促进城市轨道、市域铁路、城际铁路等不同层次轨道网络的融合，构建横跨全国的交通基础设施网络，降低物流成本，促进国内跨区域贸易。统筹信息网络建设，推进通信、互联网、电子商务平台等信息产业建设，探索建立联动高效的市场基础设施管理体制。

第五，健全统一大市场的标准化建设。一是设立区域市场示范区。配合要素市场化配置改革试点方案，设立市场竞争、市场监管、营商环境、基础设施统一标准的指标体系，在区域性市场内示范实行、试错纠偏和调整，形成的经验逐步向全国推广。二是制定全国市场统一标准。制定高标准全国统一大市场的市场标准指南或指导意见，包括高质量商品标准和检验检疫标准，金融、通信、物流、专业及其他服务标准，公平竞争审查制度，统一信用评价标准。承认行业特殊性和地域特殊性，在强调公平竞争的同时适当考虑必要的垄断豁免，对于新技术、新业态、新模式要适度包容，审慎监管。统一标准可在区域市场实行，根据我国市场经济体制改革进程及市场发育程度，进行动态调整。对接国际市场规则要维护国家利益，兼顾我国经济发展程度。

（二）基于全国统一大市场建立健全国内价值链

构建全国统一大市场有助于建立健全国内价值链，改变以往经济发展主要靠外需和外资拉动的局面。此外，将国内价值链与全球价值链对接，实现国内深化改革与对外开放的相互促进，从而充分利用国际国内两个市场、两种资源。

第一，更加重视国内资源的优化配置。沿海地区应积极发展高端制造业，加快将传统加工制造业向中西部地区转移，鼓励企业集中资源进行研发设计和市场开发，逐步占领国内价值链乃至全球价值链品牌设计和市场渠道环节。中部地区可以以加工贸易的"重庆模式"为示范，进一步提升生产制造业能力，成为中国的"制造工厂"。西部地区则应在充分发挥资源能源优势的基础上，进一步提升初级产品加工能力，打造国内的资源能源以及初级产品来源地。由此形成"沿海地区从事研发设计、市场销售—中部地区进行加工生产—西部地区提供资源和初级产品"的国内价值链分工格局。

第二，大力培育本土主导企业构建国内价值链的能力。针对中国本土企业价值链主导能力不足，面临外资企业竞争压力的现实问题，必须采取有效方法提升和培育本土主导企业构建国内价值链的能力。为此，本土企业应当在国际代工过程中通过干中学等方式，在加工制造的技术能力、生产管理、交货服务等方面不断学习国际先进生产方法和管理方式；并在此基础上大力提升功能升级和部门间升级能力，培育向价值链高端攀升和主导价值链的能力。而承接产业转移地区的大型企业应当进一步加强构建开放式生产体系。既要通过外包、代工等手段将非核心业务转包给附属、配套企业，集中精力培育和提升核心竞争力；也要与国外先进企业和东部地区领先企业合作，通过开放生产体系与国际生产体系对接。

第三，大力发展现代生产性服务业，为构建国内价值链提供保障。现代生产性服务业由于集中了技术资本、人力资本和知识资本等高级生产要素，对于推动加工制造业升级有着非常重要的作用。在构建国内价值链的过程中，现代生产性服务业的高度发展已经成为一个非常重要的配套条件。构建国内价值链，必然意味着跨区域实施的生产管理和运营协作，管理的复杂性和难度大大增加了。因此，现代生产性服务业的高度发展将为确保国内价值链的顺利构建和运行提供有效保障；并且在此基础上，技术资本、人力资本和知识资本等高级生产要素高度密集的现代生产性服务业的高度发展，也将成为产业向价值链中高端攀升的动力保障。

三　完善科技创新体系，提高关键领域自主创新能力

在逆全球化的背景下，以美国为首的一些西方国家对我国产业和技术进行全方位打压，全球产业链、供应链发生局部断裂。核心技术是要不来、买不来、讨不来的，必须勇于跨越跟踪式创新，突破颠覆性技术创新，重塑产业链、供应链竞争格局。前文的研究结果也表明，对发达国家

（地区）部分核心零部件的严重依赖使得发展中国家（地区）对外贸易政策的实施会产生不利于自身的影响。党的二十届三中全会审议通过的《中共中央关于进一步全面深化改革、推进中国式现代化的决定》，强调构建支持全面创新体制机制，统筹推进教育科技人才体制机制一体化改革，健全新型举国体制，提升国家创新体系整体效能。

（一）加快推进国家创新体系建设

科学技术是第一生产力，是经济社会发展的重要动力源泉。面对新形势新要求，我国自主创新能力还不够强。因此，抓住机遇大幅提升自主创新能力，激发全社会创造活力，真正实现创新驱动发展，迫切需要进一步深化科技体制改革，加快国家创新体系建设。

第一，强化企业技术创新主体地位，促进科技与经济紧密结合。一是建立企业主导产业技术研发创新的体制机制。充分发挥企业在技术创新决策、研发投入、科研组织和成果转化中的主体作用，吸纳企业参与国家科技项目的决策，产业目标明确的国家重大科技项目由有条件的企业牵头组织实施。二是提高科研院所和高等学校服务经济社会发展的能力。按照科研机构分类改革的要求，明确定位，优化布局，稳定规模，提升能力，走内涵式发展道路。基础研究类科研机构要瞄准科学前沿问题和国家长远战略需求。技术开发类科研机构要坚持企业化转制方向，完善现代企业制度，建立市场导向的技术创新机制。三是完善科技支撑战略性新兴产业发展和传统产业升级的机制。建立科技有效支撑产业发展的机制，围绕战略性新兴产业需求部署创新链，突破技术瓶颈，掌握关键核心技术，推动节能环保、新一代信息技术、生物、高端装备制造、新能源、新材料、新能源汽车等产业快速发展，增强市场竞争力。

第二，加强统筹部署和协同创新，提高创新体系整体效能。一是推动创新体系协调发展。充分发挥地方在区域创新中的主导作用，加快建设各具特色的区域创新体系。结合区域经济社会发展的特色和优势，科学规划、合理布局，完善激励引导政策，加大投入支持力度，优化区域内创新资源配置。加强区域科技创新公共服务能力建设，进一步完善科技企业孵化器、大学科技园等创新创业载体的运行服务机制，强化其创业辅导功能。加强区域间科技合作，推动创新要素向区域特色产业聚集，培育一批具有国际竞争力的产业集群。二是强化科技资源开放共享。建立科研院所、高等学校和企业开放科研设施的合理运行机制。整合各类科技资源，推进大型科学仪器设备、科技文献、科学数据等科技基础条件平台建设，加快建立健全开放共享的运行服务管理模式和支持方式，制定相应的评价标准和监督奖惩办法。

第三，改革科技管理体制，促进管理科学化和资源高效利用。一是推进科技项目管理改革。建立健全科技项目决策、执行、评价相对分开、互相监督的运行机制。完善科技项目管理组织流程，按照经济社会发展需求确定应用型重大科技任务，拓宽科技项目需求征集渠道，建立科学合理的项目形成机制和储备制度。二是完善科技经费管理制度。健全竞争性经费和稳定支持经费相协调的投入机制，优化基础研究、应用研究、试验发展和成果转化的经费投入结构。完善科研课题间接成本补偿机制。三是深化科技评价和奖励制度改革。根据不同类型科技活动特点，注重科技创新质量和实际贡献，制定导向明确、激励约束并重的评价标准和方法。基础研究以同行评价为主，特别要加强国际同行评价，着重评价成果的科学价值；应用研究由用户和专家等相关第三方评价，着重评价目标完成情况、成果转化情况以及技术成果的突破性和带动性；产业化开发由市场和用户评价，着重评价对产业发展的实质贡献。

（二）建立支持科技创新的人才制度体系

人才是科技发展的根本，是科技创新的关键。因此，科技创新人才是科技创新中不可或缺的要素，是科技创新能力之源。要动员一切可以动员的力量，积极拓展科技创新人才的培养和引进，造就培育一大批战略科技人才。

第一，引导科技人才合理流动，探索柔性引才用才机制。一是广聚国际高端优秀科技人才。强化国际科技人才交流合作，探索建立长期稳定的科技人才交流体制机制；积极构筑国际引才平台，根据发展需要及时调整引才计划，完善相应引才举措，畅通国际科技人才来华渠道，形成更具竞争优势的引才政策体系。二是积极探索柔性引才新模式。无论是政府还是企业，必须强化柔性引才的观念、意识。通过政府搭建平台，企业深入交流合作，市场发挥作用，引入三方人才服务机构，建立科技人才信息库，提高引才精准度及效率。对科技人才有需求的地区可以利用信息库，立足地区经济、产业、人才发展需要，采用柔性引才、建立人才飞地等方式，吸纳更多科技人才为本地的经济发展服务。在薪资待遇方面，探索形成灵活度高、适用性强的工资标准，可以根据人才的类型、贡献等，采取"一人一议"协议工资的方式，实现"才尽其用"。

第二，加大科技人才培养力度，优化科技人才队伍结构。一是加快科技人才自主培养，扩大科技人才队伍规模。必须紧盯世界科技发展前沿，围绕国家重点产业现实及未来发展需求，优化科技人才培养环境。通过高校、科研院所、高新技术企业等创新主体，借助创新发展平台、创新产业集群等重要创新资源，提早规划布局，培养一批拥有高技能、高素质、高水平、广视野的青年科技人才，完善科技人才梯次结构。对于当前所需的紧缺型科技人才，可以通过与高校的联合培养、委托培养、定向培养等方式，做到面向发展需求、解决发展难题、满足发展需要，补齐科技人才队伍短板。二是改善科技人才队伍结构，实现科技人才的量质齐升。一方面，要积极调整高校学科布局，增设基础研究相关专业，扩大招生教育规模，以"开源"的方式增加未来基础研究从业人员；另一方面，要加大基础研究经费投入，建设基础研究支持平台，形成激励创新、允许试错、宽容失败的科研环境，引导、支持更多科技人才潜心基础研究，打造以"专、精、深"为特点的基础研究人才队伍。

四 加强经贸磋商，推进中美大国合作

中美两国是当今世界最大的两个经济体，经济相互依存程度很高，经贸冲突将给双方和世界经济带来不可估量的巨大损害。前文的研究结果已经表明，中美贸易摩擦对中美两国乃至其他国家（地区）的产出均产生了不利的影响。中美两国合作议题广阔，利益深度融合，合则两利、斗则俱伤。在相互尊重、平等互利的基础上加强中美经贸合作，有利于中美两国经济和世界经济的繁荣发展。

（一）继续深化双边投资与贸易合作

中美两国互为对方重要的贸易伙伴国家。中国国家统计局的数据显

示，2023 年，美国对中国货物贸易出口 1637.44 亿美元，进口 5002.43 亿美元。同时中美两国也互为对方重要的投资来源地和投资目的地。2023 年中国实际利用美国外商直接投资金额和中国对美国直接投资流量分别达33.60 亿美元和 69.13 亿美元。

第一，加强沟通、增进互信。争端多源于误解，长期以来中美经济联系虽然日益紧密，但政治上充满了猜疑与不信任，已经严重制约了中美贸易关系的发展。因此，加强双方的沟通与协调，增进互信，不仅可以推动中美贸易关系的正常发展，为双方进一步合作寻找契机，也对世界和亚洲地区的和平稳定发展有着积极的意义。自中美关系正常化以来，中美之间建立了一系列的对话机制，如中美商贸联合会、中美联合经济委员会以及中美科技合作联委会等，对中美经济领域的沟通与互信作出了重要贡献，推动了中美经贸关系的发展。中国应积极运用中美战略与经济对话机制，在磋商与沟通中减少中美分歧，减少美国对中国的误解。在中美对话中既要有大局意识，同时对中国合理的利益诉求又要据理力争，坚决反对美国不合理的要求，这不仅是维护中国国家利益的需要，也是在谈判中赢得尊敬的最好方式，单纯的让步与妥协并不能换来持久的和平。有理有据地提出中国的要求与关切，让美国人民更为了解中国国情及中美贸易发展的实际情况，也有助于改变美国社会舆论。

第二，启动中美 BIT 谈判。目前继续深化中美投资与贸易合作的重点就是要加快推动中美 BIT 谈判。自 2008 年中美首次启动 BIT 谈判以来，两国仍未就双边投资最终达成协定。倘若中美达成投资协定，那么对双方都将产生积极影响。对于美国来说，中美 BIT 的达成有助于其进一步拓宽中国市场，维护美国投资者在华利益；对于中国来说，中美 BIT 谈判的达成可以降低中国赴美投资的风险与不确定性。因此，中美双方应积极磋商，加快推动中美 BIT 谈判，为双边投资者提供更高质量的投资环境及利益保障。一是把开启中美 BIT 谈判纳入中美战略与经济对话议题。建议两国在此前几轮中美战略与经济对话的基础上，将中美 BIT 作为新的议题纳入，在官方层面进行相关探讨。二是两国政府应设立专门部门负责此项工作。中美两国应共同努力建设高水平的 BIT，在贸易、投资、知识产权等方面创新合作思路和方案，对合作领域进行量化分析研究和可行性研究。三是中美两国智库合作开展中美 BIT 方案研究。目前彼得森国际经济研究所和中国国际经济交流中心已经分别开展了前期研究，也做过一定的交流，有了一定的基础。在官方层面达成意向后，可上升到国家战略，由政府委托中美两国智库联合进行专项研究，进行前期准备，设计切实可行的方式实现互利共赢，提升 BIT 质量。

（二）共同推进全球经济治理体系的完善和升级

全球治理体系是由全球共建共享的，不可能由哪一个国家独自掌握。中美是全球最大的两个经济体，两国就全球经济治理加强合作，有利于推动国际经济秩序朝着更加公正合理有效的方向发展，符合世界各国的普遍需求。

第一，重视上合组织峰会、金砖国家峰会、APEC 领导人非正式会议、G20 峰会等治理平台建设，稳步推动全球经济治理平台改革，增强国际经济治理经验，提升中国在区域乃至国际机构中的话语权。比如，近年来G20 治理议程受到部分发达国家的诸多干扰和冲击，一些西方国家蓄意将G20 议程政治化。中国在 G20 议程设置中要更加积极地综合利用和发挥金砖机制、"中国+"多边和区域对话机制以及与主要发展中国家的战略伙伴关系合作机制等，合力推动 G20 以及其他治理机构的议程设置向着发展导向转向和回归，以推动全球治理体系更加公正地回应发展中世界的发展诉求。

第二，中美协同推进亚太自贸区建设。2016 年 11 月习近平总书记在秘鲁首都利马出席亚太经合组织工商领导人峰会并发表题为《深化伙伴关系 增强发展动力》的主旨演讲，指出"我们要坚定推进亚太自由贸易区建设，为亚太开放型经济提供制度保障。要重振贸易和投资的引擎作用，增强自由贸易安排开放性和包容性，维护多边贸易体制"。因此建议中美两国进一步深化亚太经贸合作对话，推进亚太自贸区建设，将全面与进步跨太平洋伙伴关系协定（CPTPP）和区域全面经济伙伴关系协定（RCEP）的实质内容衔接在一起，引领新的、更广泛的贸易投资合作，让所有亚太国家（地区）都能从中获益，实现包容性增长。

参考文献

鲍晓华，陈清萍．反倾销如何影响了下游企业出口？——基于中国企业微观数据的实证研究［J］．经济学（季刊），2019，18（2）：749-770.

鲍晓华，朱达明．技术性贸易壁垒的差异化效应：国际经验及对中国的启示［J］．世界经济，2015，38（11）：71-89.

蔡礼辉，张朕，朱磊．全球价值链嵌入与二氧化碳排放——来自中国工业面板数据的经验研究［J］．国际贸易问题，2020（4）：86-104.

曹亮，蒋洪斌，黄羽．中国农产品进口的贸易创造与贸易转移效应——基于 CAFTA 框架的评估［J］．农业经济问题，2013，34（11）：19-26.

曹平，肖生鹏，林常青．美国对华反倾销对中国企业创新效应再评估［J］．国际经贸探索，2021，37（1）：34-49.

陈波，贺超群．出口与工资差距：基于我国工业企业的理论与实证分析［J］．管理世界，2013（8）：6-15.

陈启斐，张为付，张群．逆全球化、去规则化与全球价值链服务化［J］．南开经济研究，2019，207（3）：3-26.

陈清萍，鲍晓华．对外反倾销是否救济了中国进口竞争性企业？［J］．上海经济研究，2017（3）：40-48.

陈伟光，郭晴．逆全球化机理分析与新型全球化及其治理重塑［J］．南开学报（哲学社会科学版），2017（5）：58-70.

陈艺毛，李春艳．国际知识溢出对我国制造业价值链升级的影响［J］．

经济纵横，2019（11）：115-129.

程大为，赵忠，王孝松．美国发起对华贸易战的思想源起及影响前瞻［J］．中国大学生就业，2019（9）：34-37.

程大中，姜彬，魏如青．全球价值链分工与自贸区发展：内在机制及对中国的启示［J］．学术月刊，2017，49（5）：48-58.

崔连标，朱磊，宋马林，郑海涛．中美贸易摩擦的国际经济影响评估［J］．财经研究，2018，44（12）：4-17.

崔友平，王文平．我国的企业投资与内生经济增长：1980-2007［J］．东岳论丛，2009，30（8）：34-38.

戴觅，余淼杰，Madhura Maitra．中国出口企业生产率之谜：加工贸易的作用［J］．经济学（季刊），2014，13（2）：675-698.

戴翔．扩大服务业开放与制造业全球价值链参与［J］．山西财经大学学报，2020，42（12）：68-80.

戴翔，徐柳，任志成．融入全球价值链影响了经济增长质量吗［J］．国际商务（对外经济贸易大学学报），2020（3）：20-34.

戴翔，张雨，占丽．数字技术与全球价值链攀升理论新发展［J］．天津社会科学，2022（3）：77-83.

丁纯，强皓凡，杨嘉威．特朗普时期的美欧经贸冲突：特征、原因与前景——基于美欧贸易失衡视角的实证分析［J］．欧洲研究，2019，37（3）：1-37+156.

丁纯．英国退欧和欧洲的前途［J］．欧洲研究，2016，34（4）：17-25.

东艳，马盈盈．疫情冲击、中美贸易摩擦与亚太价值链重构——基于假设抽取法的分析［J］．华南师范大学学报（社会科学版），2020（4）：110-123+191.

董琴．"逆全球化"及其新发展对国际经贸的影响与中国策略研究［J］．经济学家，2018（12）：91-98.

杜传忠，杜新建．第四次工业革命背景下全球价值链重构对我国的影响及对策［J］．经济纵横，2017（4）：110-115.

杜运苏，蒋祖龙．中国融入全球价值链深度及演变趋势——基于增加值和最终产品视角［J］．国际商务研究，2019，40（1）：18-29.

杜正艾. 金融危机冲击下贸易保护主义的特点、成因和发展趋势 [J]. 国家行政学院学报，2009 (5)：32-36.

樊海潮，张丽娜，丁关祖，彭方平. 关税与汇率变化对福利水平的影响——基于理论与量化分析的研究 [J]. 管理世界，2021，37 (7)：61-75.

冯美丽，董银果. 中国对外反倾销的企业救济效应评估——基于竞争战略的中介效应分析 [J]. 国际经贸探索，2022，38 (6)：41-57.

高新月，鲍晓华. 反倾销如何影响出口产品质量？[J]. 财经研究，2020，46 (2)：21-35.

高运胜，李之旭，朱佳纯. 贸易失衡引致了"逆全球化"吗——基于增加值贸易视角 [J]. 国际贸易问题，2021 (9)：1-16.

高运胜，王云飞，蒙英华. 融入全球价值链扩大了发展中国家的工资差距吗？[J]. 数量经济技术经济研究，2017，34 (8)：38-54.

耿伟，郝碧榕. 全球价值链嵌入位置与劳动收入差距——基于跨国跨行业下游度指标的研究 [J]. 国际贸易问题，2018 (6)：54-67.

耿晔强，白力芳. 人力资本结构高级化、研发强度与制造业全球价值链升级 [J]. 世界经济研究，2019 (8)：88-102+136.

谷祖莎，梁俊伟. 入世后非关税措施对中国出口的影响 [J]. 中南财经政法大学学报，2016 (3)：142-148.

郭晴，陈伟光. 基于动态 CGE 模型的中美贸易摩擦经济效应分析 [J]. 世界经济研究，2019 (8)：103-117+136.

韩剑，王灿. 自由贸易协定与全球价值链嵌入：对 FTA 深度作用的考察 [J]. 国际贸易问题，2019 (2)：54-67.

何欢浪，张凤菊，张娟. 中国对外反倾销与企业就业变动 [J]. 产业经济研究，2021 (5)：15-25.

何欢浪，张娟，章韬. 中国对外反倾销与企业创新——来自企业专利数据的经验研究 [J]. 财经研究，2020，46 (2)：4-20.

何欢浪，郑林红，张凤菊. 中间产品对外反倾销与中国下游企业创新 [J]. 世界经济研究，2022 (6)：3-17+135.

胡建雄. 本轮逆全球化和贸易保护主义兴起的经济逻辑研究 [J]. 经济体制改革，2017 (6)：19-26.

胡立法. 经济危机下贸易保护主义形成的原因——一个"全球公共物品"的视角 [J]. 现代经济探讨, 2010 (1): 72-75.

胡昭玲. 国际垂直专业化分工与贸易: 研究综述 [J]. 南开经济研究, 2006 (5): 12-26.

黄新飞, 彭杰, 赵一佳. 贸易自由化、全球价值链与资源配置效率 [J]. 东南大学学报 (哲学社会科学版), 2022, 24 (2): 48-60+147.

居占杰. 当前国际贸易保护主义抬头的原因探析 [J]. 贵州社会科学, 2010 (11): 50-53.

赖明勇, 包群, 彭水军, 张新. 外商直接投资与技术外溢: 基于吸收能力的研究 [J]. 经济研究, 2005 (8): 95-105.

李春顶, 何传添, 林创伟. 中美贸易摩擦应对政策的效果评估 [J]. 中国工业经济, 2018 (10): 137-155.

李春顶. 中国出口企业是否存在"生产率悖论": 基于中国制造业企业数据的检验 [J]. 世界经济, 2010, 33 (7): 64-81.

李芳芳, 张倩, 程宝栋, 熊立春, 侯方淼. "一带一路"倡议背景下的全球价值链重构 [J]. 国际贸易, 2019 (2): 73-79.

李磊, 冼国明, 包群. "引进来"是否促进了"走出去"?——外商投资对中国企业对外直接投资的影响 [J]. 经济研究, 2018, 53 (3): 142-156.

李双杰, 李众宜, 张鹏杨. 对华反倾销如何影响中国企业创新? [J]. 世界经济研究, 2020 (2): 106-120+137.

梁俊伟, 代中强. 发展中国家对华反倾销动因: 基于宏微观的视角 [J]. 世界经济, 2015, 38 (11): 90-116.

梁俊伟, 魏浩. 非关税措施与中国出口边际 [J]. 数量经济技术经济研究, 2016, 33 (3): 3-22+77.

廖晓明, 刘晓锋. 当今世界逆全球化倾向的表现及其原因分析 [J]. 长白学刊, 2018 (2): 28-37.

林珏, 彭冬冬. "快速通关"贸易促进效应的实证分析 [J]. 财经研究, 2016, 42 (11): 60-72.

刘斌, 李川川, 张秀杰. 异质性投资协定及其对中外价值链关联的影响研究 [J]. 数量经济技术经济研究, 2021, 38 (8): 60-82.

刘斌，王杰，魏倩．对外直接投资与价值链参与：分工地位与升级模式 [J]．数量经济技术经济研究，2015a，32（12）：39-56．

刘斌，王乃嘉，魏倩．中间品关税减让与企业价值链参与 [J]．中国软科学，2015b（8）：34-44．

刘斌，魏倩，吕越，祝坤福．制造业服务化与价值链升级 [J]．经济研究，2016，51（3）：151-162．

刘斌，赵晓斐．制造业投入服务化、服务贸易壁垒与全球价值链分工 [J]．经济研究，2020，55（7）：159-174．

刘灿雷，王永进．上游行政管制与中国企业出口行为——基于垂直生产供应链的视角 [J]．财经研究，2019，45（4）：140-152．

刘航，杨丹辉．高质量进口能带来成本节约效应吗 [J]．中国工业经济，2020（10）：24-42．

刘洪愧，谢谦．新兴经济体参与全球价值链的生产率效应 [J]．财经研究，2017，43（8）：18-31+121．

刘京军，鲁晓东，张健．中国进口与全球经济增长：公司投资的国际证据 [J]．经济研究，2020，55（8）：73-88．

刘景卿，于佳雯，车维汉．FDI流动与全球价值链分工变化——基于社会网络分析的视角 [J]．财经研究，2019，45（3）：100-113．

刘瑞明，石磊．上游垄断、非对称竞争与社会福利——兼论大中型国有企业利润的性质 [J]．经济研究，2011，46（12）：86-96．

刘维林，程倩，王敏．全球价值链视角下中美贸易摩擦的就业影响测算 [J]．中国人口科学，2020（2）：15-29+126．

刘伟，蔡志洲，苏剑．贸易保护主义抬头的原因、后果及我国的应对措施 [J]．金融研究，2009（6）：23-30．

刘奕，夏杰长，李垚．生产性服务业集聚与制造业升级 [J]．中国工业经济，2017（7）：24-42．

刘志彪，张杰．从融入全球价值链到构建国家价值链：中国产业升级的战略思考 [J]．学术月刊，2009，41（9）：59-68．

卢锋．产品内分工 [J]．经济学（季刊），2004（4）：55-82．

卢潇潇，梁颖．"一带一路"基础设施建设与全球价值链重构 [J]．中国经济问题，2020（1）：11-26．

鲁慧鑫，冯宗宪．数字贸易限制与中国制造业全球价值链分工地位
[J]．经济体制改革，2024（3）：93-102．

吕延方，崔兴华，王冬．全球价值链参与度与贸易隐含碳［J］．数量
经济技术经济研究，2019，36（2）：45-65．

吕越，黄艳希，陈勇兵．全球价值链嵌入的生产率效应：影响与机制
分析［J］．世界经济，2017，40（7）：28-51．

吕越，娄承蓉，杜映昕，屠新泉．基于中美双方征税清单的贸易摩擦
影响效应分析［J］．财经研究，2019，45（2）：59-72．

吕越，吕云龙．中国参与全球价值链的环境效应分析［J］．中国人
口·资源与环境，2019，29（7）：91-100．

吕越，罗伟，包群．企业上游度、贸易危机与价值链传导的长鞭效应
[J]．经济学（季刊），2020，19（3）：875-896．

吕越，罗伟，刘斌．异质性企业与全球价值链嵌入：基于效率和融资
的视角［J］．世界经济，2015，38（8）：29-55．

罗胜强，鲍晓华．反倾销影响了在位企业还是新企业：以美国对华反
倾销为例［J］．世界经济，2019，42（3）：118-142．

罗子嫄，靳玉英．资本账户开放对企业融资约束的影响及其作用机制
研究［J］．财经研究，2018，44（8）：101-113．

毛其淋．人力资本推动中国加工贸易升级了吗？［J］．经济研究，
2019，54（1）：52-67．

倪红福，龚六堂，陈湘杰．全球价值链中的关税成本效应分析——兼
论中美贸易摩擦的价格效应和福利效应［J］．数量经济技术经济研究，
2018，35（8）：74-90．

倪红福．全球价值链中的累积关税成本率及结构：理论与实证［J］．
经济研究，2020，55（10）：89-105．

倪红福，王丽萍，田野．全球价值链重构中服务业位置及其政策逻辑
[J]．湖南大学学报（社会科学版），2021，35（1）：72-83．

潘安．全球价值链分工对中国对外贸易隐含碳排放的影响［J］．国际
经贸探索，2017，33（3）：14-26．

潘红波，陈世来．《劳动合同法》、企业投资与经济增长［J］．经济研
究，2017，52（4）：92-105．

彭冬冬. 国外贸易保护措施对中国制造业就业的影响——来自企业层面的经验证据 [J]. 国际商务研究，2021，42（3）：26-37.

彭冬冬，林珏. "一带一路"沿线自由贸易协定深度提升是否促进了区域价值链合作? [J]. 财经研究，2021，47（2）：109-123.

彭冬冬，罗明津. 国外贸易保护措施对中国制造业出口的影响——来自企业层面的微观证据 [J]. 财经研究，2018，44（3）：125-138+153.

彭冬冬，杨培祥. 全球价值链分工如何影响贸易保护壁垒的实施——以反倾销为例 [J]. 国际贸易问题，2018（6）：105-118.

齐俊妍，任奕达. 数字经济渗透对全球价值链分工地位的影响——基于行业异质性的跨国经验研究 [J]. 国际贸易问题，2021（9）：105-121.

齐鹰飞，LI Yuanfei. 跨国投入产出网络中的贸易摩擦——兼析中美贸易摩擦的就业和福利效应 [J]. 财贸经济，2019，40（5）：83-95.

邱斌，陆清华. 对外直接投资对中国全球价值链分工地位的影响研究——来自中国企业的证据 [J]. 东南大学学报（哲学社会科学版），2020，22（5）：43-55+155.

Rogowsky R A., 张丽娟. 就业保护与美国贸易保护新阶段 [J]. 国际贸易问题，2018（3）：1-11.

沈昊旻，程小可，宛晴. 对华反倾销抑制了企业创新行为吗 [J]. 财贸经济，2021，42（4）：149-164.

盛斌，陈帅. 全球价值链如何改变了贸易政策：对产业升级的影响和启示 [J]. 国际经济评论，2015（1）：85-97.

盛斌，黎峰. 逆全球化：思潮、原因与反思 [J]. 社会科学文摘，2020（5）：11-13.

盛斌，苏丹妮，邵朝对. 全球价值链、国内价值链与经济增长：替代还是互补 [J]. 世界经济，2020，43（4）：3-27.

盛斌，赵文涛. 全球价值链嵌入与中国经济增长的"结构路径之谜" [J]. 经济科学，2021（4）：20-36.

史丹，余菁. 全球价值链重构与跨国公司战略分化——基于全球化转向的探讨 [J]. 经济管理，2021，43（2）：5-22.

宋华盛，朱小明. 中国对外反倾销与制造业企业成本加成 [J]. 国际贸易问题，2017（12）：94-107.

苏丹妮.全球价值链嵌入如何影响中国企业环境绩效？[J].南开经济研究，2020（5）：66-86.

苏丹妮，邵朝对.全球价值链参与、区域经济增长与空间溢出效应[J].国际贸易问题，2017（11）：48-59.

孙乾坤，马喜立，陈胤默.中美贸易摩擦对世界主要经济体的潜在影响及我国的防范策略——基于多国动态 CGE 模型的实证研究[J].上海经济研究，2020（5）：110-127.

孙秀丽.英国脱欧对欧盟服务贸易竞争力的影响分析[J].国际经贸探索，2022，38（2）：22-35.

孙学敏，王杰.全球价值链嵌入的"生产率效应"——基于中国微观企业数据的实证研究[J].国际贸易问题，2016（3）：3-14.

唐宜红.当前全球贸易保护主义的特点及发展趋势[J].人民论坛·学术前沿，2017（17）：82-89.

唐宜红，张鹏杨，梅冬州.全球价值链嵌入与国际经济周期联动：基于增加值贸易视角[J].世界经济，2018，41（11）：49-73.

唐宜红，张鹏杨.全球价值链嵌入对贸易保护的抑制效应：基于经济波动视角的研究[J].中国社会科学，2020（7）：61-80+205.

唐宜红，张鹏杨.中国企业嵌入全球生产链的位置及变动机制研究[J].管理世界，2018，34（5）：28-46.

田侃，倪红福，倪江飞.人民币实际有效汇率对中美贸易的影响——基于全球价值链视角的分析[J].经济学动态，2019（1）：92-102.

佟家栋，刘程."逆全球化"的政治经济学分析[J].经济学动态，2018（7）：19-26.

佟家栋，谢丹阳，包群，黄群慧，李向阳，刘志彪，金碚，余淼杰，王孝松."逆全球化"与实体经济转型升级笔谈[J].中国工业经济，2017（6）：5-59.

涂永红，赵雅梅.英国脱欧事件对主要货币汇率的影响分析——基于事件分析法[J].经济理论与经济管理，2021，41（4）：83-96.

屠新泉."一带一路"建设、全球价值链重构与中国的应对[J].当代世界，2022（6）：27-31.

王彬，高敬峰.国内区域价值链、全球价值链与地区经济增长[J].

经济评论，2020（2）：20-35.

王彬，高敬峰，宋玉洁. 数字技术与全球价值链分工——来自中国细分行业的经验证据［J］. 当代财经，2021（12）：115-125.

王小梅，秦学志，尚勤. 金融危机以来贸易保护主义对中国出口的影响［J］. 数量经济技术经济研究，2014，31（5）：20-36+85.

王晓星，倪红福. 基于双边进口需求弹性的中美经贸摩擦福利损失测算［J］. 世界经济，2019，42（11）：27-50.

王孝松，吕越，赵春明. 贸易壁垒与全球价值链嵌入——以中国遭遇反倾销为例［J］. 中国社会科学，2017（1）：108-124.

王孝松，田思远. 全球价值链分工对贸易失衡的影响探究［J］. 经济学家，2020（10）：46-55.

王孝松，武晓. 贸易政策与资本回报：以中国对外反倾销为例的经验分析［J］. 世界经济，2019，42（12）：27-50.

王孝松，武晓. 中美经贸摩擦的影响评估与应对方案［J］. 国际商务（对外经济贸易大学学报），2020（5）：1-18.

王孝松，翟光宇，林发勤. 反倾销对中国出口的抑制效应探究［J］. 世界经济，2015，38（5）：36-58.

王永进，施炳展. 上游垄断与中国企业产品质量升级［J］. 经济研究，2014，49（4）：116-129.

王宇，王铮. 贸易保护对全球投资与经济增长的影响［J］. 经济与管理研究，2018，39（2）：31-41.

王直，魏尚进，祝坤福. 总贸易核算法：官方贸易统计与全球价值链的度量［J］. 中国社会科学，2015（9）：108-127+205-206.

魏浩，王聪. 附加值统计口径下中国制造业出口变化的测算［J］. 数量经济技术经济研究，2015，32（6）：105-119.

魏明海，刘秀梅. 贸易环境不确定性与企业创新——来自中国上市公司的经验证据［J］. 南开管理评论，2021，24（5）：16-27.

魏如青，郑乐凯. 全球价值链分工对通货膨胀的影响及机制分析［J］. 经济问题探索，2022（6）：134-148.

文武，程惠芳，詹淼华. 全球价值链嵌入与国际经济周期非对称联动［J］. 统计研究，2021，38（3）：71-88.

文武，詹淼华．全球价值链嵌入、国际经济周期非对称传导与稳增长 [J]．经济学家，2021（1）：119-128.

吴标．"英国脱欧"对世界贸易的影响——基于复杂网络的收入支出模型分析 [J]．国际经贸探索，2017，33（1）：4-16.

吴昊，陈娟．贸易保护能够促进本国经济增长吗？——基于威尔柯克斯秩和检验法 [J]．云南财经大学学报，2017，33（5）：42-50.

吴丽华，瞿璐，江蓝微．基于全球价值链视角的人民币有效汇率指数的构建 [J]．中国经济问题，2020（4）：75-89.

吴云霞，蒋庚华．全球价值链位置对中国行业内劳动者就业工资报酬差距的影响——基于 WIOD 数据库的实证研究 [J]．国际贸易问题，2018（1）：58-70.

奚俊芳，陈波．国外对华反倾销对中国出口企业生产率的影响：以美国对华反倾销为例 [J]．世界经济研究，2014（3）：59-65+89.

肖志敏，冯晟昊．中美贸易摩擦的经济影响分析——基于增加值贸易视角 [J]．国际经贸探索，2019，35（1）：55-69.

谢建国，叶君．冲突预防与进口的"囤积效应"：基于中美贸易摩擦的分析 [J]．湖南大学学报（社会科学版），2022，36（1）：66-76.

谢申祥，张铭心，黄保亮．反倾销壁垒对我国出口企业生产率的影响 [J]．数量经济技术经济研究，2017，34（2）：105-120.

许和连，成丽红，孙天阳．制造业投入服务化对企业出口国内增加值的提升效应——基于中国制造业微观企业的经验研究 [J]．中国工业经济，2017（10）：62-80.

薛同锐，周申．后危机时代美国贸易保护对中国劳动就业的影响 [J]．亚太经济，2017（1）：85-92+175.

杨高举，黄先海．内部动力与后发国分工地位升级——来自中国高技术产业的证据 [J]．中国社会科学，2013（2）：25-45+204.

姚瑶，赵英军．全球价值链演进升级的内生动力与微观机制——人力资本配置的"结构效应"与"中介效应" [J]．浙江社会科学，2015（11）：30-40+156-157.

余官胜，范朋真．东道国贸易保护会提升我国企业对外直接投资速度吗——基于微观层面数据的实证研究 [J]．财贸经济，2018，39（3）：

109-122.

余泳泽，段胜岚．全球价值链嵌入与环境污染——来自 230 个地级市的检验 [J]．经济评论，2022（2）：87-103.

余振，周冰惠，谢旭斌，王梓楠．参与全球价值链重构与中美贸易摩擦 [J]．中国工业经济，2018（7）：24-42.

袁振邦，张群群．贸易摩擦和新冠疫情双重冲击下全球价值链重构趋势与中国对策 [J]．当代财经，2021（4）：102-111.

张国峰，王永进，李坤望．贸易自由化对制造业企业现金储蓄的影响——预防性动机还是投资挤压？[J]．金融研究，2019（9）：19-38.

张建武，钟晓凤．中美贸易摩擦对中国农产品进口的影响 [J]．华南农业大学学报（社会科学版），2022，21（3）：102-114.

张杰，陈志远，刘元春．中国出口国内附加值的测算与变化机制 [J]．经济研究，2013，48（10）：124-137.

张杰，郑文平．全球价值链下中国本土企业的创新效应 [J]．经济研究，2017，52（3）：151-165.

张丽，廖赛男，刘玉海．服务业对外开放与中国制造业全球价值链升级 [J]．国际贸易问题，2021（4）：127-142.

张少军，方玉文，鄢甜．全球价值链对中国居民消费率的影响研究 [J]．贵州财经大学学报，2022（1）：1-12.

张天顶，唐夙．汇率变动、全球价值链与出口贸易竞争力 [J]．国际商务（对外经济贸易大学学报），2018（1）：38-49.

张支南，浦正宁，李明．全球价值链分工对国际经济周期协同性的影响研究 [J]．技术经济，2020，39（5）：116-124.

张志明，杜明威，耿景珠．中国对美加征反制关税的进口贸易效应——基于双重差分模型的检验 [J]．统计研究，2021，38（9）：34-44.

赵琼，郭程翔．英国脱欧前后英镑与主要货币之间的波动性及其溢出效应研究 [J]．经济问题，2019（11）：17-24.

赵玉焕，钱之凌．全球价值链嵌入对工资差距的影响——基于全球价值链参与度及地位指数视角 [J]．经济与管理研究，2020，41（6）：91-107.

赵玉焕，史巧玲，伍思健．参与全球价值链对中国出口贸易碳强度的

影响 [J]. 北京理工大学学报（社会科学版），2020，22（4）：17-27.

郑春荣. 欧盟逆全球化思潮涌动的原因与表现 [J]. 国际展望，2017，9（1）：34-51.

周先平，向古月，皮永娟. 逆全球化对中国经济增长的微观效应及其作用机理 [J]. 国际金融研究，2020（4）：23-32.

周英迪. 逆全球化浪潮的原因、应对措施与趋势分析 [J]. 中国外资，2020（4）：36-37.

周政宁，史新鹭. 贸易摩擦对中美两国的影响：基于动态 GTAP 模型的分析 [J]. 国际经贸探索，2019，35（2）：20-31.

朱庆华，米明金程，张晓倩. 英国脱欧对中国经济贸易的影响——基于 GTAP 模型分析 [J]. 亚太经济，2021（3）：54-61.

Acemoglu D, Autor D, Dorn D, Hanson G, Price B. Import competition and the great US employment sag of 2000s[J].Journal of Labor Economics, 2016, 34(S1):141-198.

Anderson J E, van Wincoop E. Gravity with gravitas: A solution to the border puzzle[J].The AmericanEconomic Review, 2003, 93(1):170-192.

Antràs P, Chor D, Fally T, Hillberry R. Measuring the upstreamness of production and trade flows[J].American Economic Review, 2012, 102(3): 412-416.

Antràs P, Chor D. Organizing the global value chain[J].Econometrica, 2013,81(6): 2127-2204.

Autor D, Dorn D, Hanson G. The China syndrome: Local labor market effects of import competition in the United States [J].American Economic Review, 2013, 103(6):2121-2168.

Azrak P, Wynne K. Protectionism and Japanese direct investment in the United States[J].Journal of Policy Modeling, 1995, 17(3):293-305.

Backer K D, Miroudot S. Mapping global value chains [R].OECD Trade Policy Paper No. 159, 2013.

Balassa B A. Trade Liberalization Among Industrial Countries: Objectives and Alternatives[M].New York: McGraw-Hill Press, 1967.

Bao X, Qiu L D. Is China's antidumping more retaliatory than that of the

US?[J].Review of International Economics, 2011, 19(2):374-389.

Baumgarten D, Geishecker I, Görg H. Offshoring, tasks, and the skill-wage pattern[J].European Economic Review, 2013, 61(1):132-152.

Beverelli C, Fioroni M, Hoekman B. Services trade policy and manufacturing productivity: The role of institution [J].Journal of International Economics, 2017, 104(1):166-182.

Blanchard E J, Bown C P, Johnson R C. Global supply chains and trade policy[R].NBER Working Paper No. 21883, 2016.

Blazevski B. Searching for a better world? The campaigns and other activities of anti-globalization movements in Macedonia [J]. New Balkan Politics, 2014, 16: 63-80.

Bombardini M, Trebbi, F, Empirical models of lobbying [J]. Annual Review of Economics, 2020, 12: 391-413.

Bombardini M. Firm heterogeneity and lobby participation[J].Journal of International Economics, 2008, 75(2):329-348.

Brown C P, Conconi A, Erbahar A, Trimarchi L. Trade protection along supply chains[R].CEP Discussion Papers No. 1739, 2021.

Cattaneo O, Gereffi G, Miroudot S, Taglioni D. Joining, upgrading and being competitive in global value chains: a strategic framework [R]. Policy Research Working Paper Series No. 6406, 2013.

Chaney T. Distorted gravity: The intensive and extensive margins of international trade[J].American Economic Review, 2008, 98(4):1707-1721.

Cheng D, Wang J, Xiao Z. Free trade agreements partnership and value chain linkages: Evidence from China[J].The World Economy, 2022, 45(8): 2532-2559.

Chor D, Manova K, Yu Z. Growing like China: Firm performance and global production line position[J].Journal of International Economics, 2021, 130(3):103445.

Chu H Y. Investments in response to trade policy: The case of Japanese firms during voluntary export restraints[J]. Japan and the World Economy, 2014, 32(1):14-36.

Contractor F J. Global leadership in an era of growing nationalism, protectionism, and anti-globalization [J]. Rutgers Business Review, 2017, 2 (2): 163-185.

Daudin G, Riflart C, Schweisguth D. Who produces for whom in the world economy[J].Canadian Journal of Economics, 2011, 44(4): 1403-1437.

David B, Nigel D, Erika K. Brexit, foreign investment and employment: Some implications for industrial policy? [J]. Contemporary Social Science, 2019, 14(2): 174-188.

Dhingra S, Huang H, Ottaviano G, Pessoa J P, Sampson T, Reenen J V. The costs and benefits of leaving the EU: Trade effects [J]. Economic Policy, 2017, 32(92): 651-705.

Diakantoni A, Escaith H, Roberts M, Verbeet T. Accumulating trade costs and competitiveness in global value chains [R]. WTO Staff Working Papers, 2017.

Dixit A K, Grossman G M. Trade and protection with multistage production[J]. Review of Economic Studies, 1982, 49(4): 583-594.

Emerson M, Busse M, Salvo M D, Gros D, Pelkmans J. An assessment of the economic impact of Brexit on the EU27[R].European Parliament, 2017.

Fan H, Li Y, Stephen R Y. Trade liberalization, quality and export prices [J].The Review of Economics and Statistics, 2015, 97(5): 1033-1051.

Ferrantino M J. Using supply chain analysis to examine the costs of non-tariff measures and the benefits of trade facilitation[R].WTO Staff Working Paper, 2012.

Gereffi G, Memedovic O. The global apparel value chain: What prospects for upgrading by developing countries? [R].UNIDO Working Paper, 2003.

Gereffi G. International trade and industrial upgrading in the apparel commodity chain[J].Journal of International Economics, 1999, 48(1): 37-70.

Giovanni J D, Levchenko A A, Mejean I. The micro origins of international business-cycle comovement[J].American Economic Review, 2018, 108(1): 82-108.

Goodwin M, Heath O. The 2016 referendum, Brexit and the left behind:

An aggregate-level analysis of the result[J].The Political Quarterly, 2016, 87
(3): 323-332.

Hantzsche A, Kara A, Young G. The economic effects of the UK
government's proposed Brexit deal[J].The World Economy, 2019, 42(1):
5-20.

Helpman E. , Melitz M. , Yeaple SR. Export versus FDI with heterogeneous
firms[J].American Economic Review, 2004, 94(1): 300-316.

Henn C, McDonald B. Protectionist response to the crisis: Damaged
observed in product-level trade[R].IMF Working Paper No. WP11139, 2011.

Holger B, Elsa L, Dennis N, Thomas S. Voting with their money: Brexit
and outward investment by UK firms[J]. European Economic Review, 2020,
124: 103400.

Hufbauer G C, Schott J J, Cimino-Isaacs C, Vieiro M, Wada E. Local
Content Requirements: A Global Problem [M]. Washington DC: Peterson
Institute for International Economics, 2013.

Hummels D L, Ishii J, Yi K M. The nature and growth of vertical
specialization in world trade[J].Journal of International Economics, 2001, 54
(1): 75-96.

Hummels D L, Jorgensen R, Munch J R, Xiang C. The wage effects of
offshoring: Evidence from Danish mtched worker-firm data [J]. American
Economic Review, 2014, 104(6): 1597-1629.

Hummels D L, Rapoport D, Yi K M. Vertical specialization and the
changing nature of world trade[J].Economic Policy Review, 1998, 4(2):
79-99.

Ishii J, Yi K M. The growth of world trade[R].Federal Reserve Bank of
New York Research Paper No. 9718, 1997.

Jeremy H. An analysis of different Brexit outcomes and their effect on
inward FDI to the UK[J].Global Business and Economics Review, 2019, 21
(2), 139-155.

Johnson R C, Noguera G. Accounting for intermediates: Production
sharing and trade in value added [J].Journal of International Economics, 2012,

82(2):224-236.

Kawasaki K. Economic impact of tariff hikes-A CGE model analysis[R]. National Graduate Institute for Policy Studies, 2018.

Kee H L, Tang H. Domestic value added in exports: theory and firm evidence from China[J]. American Economic Review, 2016 106(6): 1402－1436.

Koopman R, Powers W, Wang Z, Wei S. Give credit where credit is due: Tracing value added in global production chains[R]. NBER Working Paper No. 16426, 2010.

Koopman R, Wang Z, Wei S. Tracing value-added and double counting in gross exports[J].American Economic Review, 2014, 104(2):459-494.

Kose M A, Prasad E, Rogoff K, Wei S. Financial globalization: A reappraisal. IMF Staff Papers, 2009, 56(1):8-62.

Li C, Whalley J. Trade protectionism and US manufacturing employment [J].Economic Modelling, 2021, 96 (3):353-361.

Lu Y, Tao Z, Zhang Y. How do exporters respond to antidumping investigations[J].Journal of International Economics, 2013, 91(2):290-300.

Magee CS. New measures of trade creation and trade diversion[J].Journal of International Economics, 2008, 75(2): 349-362.

Mayer J. The fallacy of composition: A review of the literature[J].The World Economy, 2002, 25(6): 875-894.

Melitz M. The impact of trade on intra-industry reallocations and aggregate industry productivity[J].Econometrica, 2003, 71(6): 1695-1725.

Miyagiwa K, Ohno Y, Review A E. Closing the technology gap under protection[J].The American Economic Review, 1995, 85(4). 755-770.

Mo J, Qiu L D, Zhang H, Dong X. What you import matters for productivity growth: Experience from chinese manufacturing firms[J].Journal of Development Economics, 2021, 152, 102677.

Navaretti G B, Fontagné L, Orefice G, Pica G, Rosso, A C. TBTs, firm organization and labour structure——the effect of technical barriers to trade on skills[R].CESifo Working Paper Series No. 7893, 2019.

Ottonello P, Winberry T. Financial heterogeneity and the investment channel of monetary policy[R].NBER Working Papers, No. 24221, 2018.

Patrizia C, Simona I. Trade policy shocks in the UK textile and apparel value chain: Firm perceptions of Brexit uncertainty [J].Journal of International Business Policy, 2021, 4(2): 262-285.

Pierce J R, Schott P K. Investment responses to trade liberalization: Evidence from U. S. industries and plants [J]. Journal of International Economics, 2018, 115(6): 203-222.

Potrafke N, Ruthardt F, Wüthrich K. Protectionism and economic growth: Causal evidence from the first era of globalization[R].CESifo Working Paper Series No. 8759, 2020.

Rosyadi S A, Widodo T. Impact of Donald Trump's tariff increase against China on global economy: Global trade analysis project Model[R].MPRA Paper No. 79493, 2017.

Sanyal K K, Jones R W. The theory of trade in middle products[J].The American Economic Review. 1982 (3): 16-31.

Schmitz H. Local upgrading in global chains: Recent findings[R].Paper to be presented at the DRUID Summer Conference, 2004.

Tian K, Dietzenbacher E, Jong-A-Pin R. Global value chain participation and its impact on industrial upgrading[J].The World Economy, 2022, 45(5): 1362-1385.

Tian W, Yu M. Processing trade, export intensity, and input trade liberalization: evidence from Chinese firms [J]. Journal of Asia-Pacific Economy, 2015, 20(3): 444-464.

Timmer M, Dietzenbacher E, Los B, Stehrer R, de Vries G. An illustrated user guide to the world input-output database: The case of global automotive production[J]. Review of International Economics, 2015, 23(3): 575-605.

UNCTAD. World Investment Report Overview——Global value chains: Investment and trade for development[M].New York: United Nations, 2013.

Upward R, Wang Z, Zheng J. Weighing China's export basket: The domestic content and technology intensity of Chinese exports [J]. Journal of Comparative Economics, 2013, 41(2): 527-543.

Verhoogen E. Trade, quality upgrading, and wage inequality in the Mexican manufacturing sector[J]. The Quarterly Journal of Economics, 2008, 123(2), 489-530.

Wang H, Pan C, Zhou P, Bateman I J. Assessing the role of domestic value chains in China's CO2 emission intensity: A multi-region structural decomposition analysis[J]. Environmental & Resource Economics, 2019, 74 (2): 865-890.

Wang L, Yue Y, Xie R, Wang S. How global value chain participation affects China's energy intensity [J]. Journal of Environmental Management, 2020, 260(4): 110041.

Wang Z, Wei S, Zhu K. Quantifying international production sharing at the bilateral and sector levels[R]. NBER Working Paper No. 19677, 2014.

Wang Z, Wei S, Yu X, Zhu K. Measures of participarion in global value chains and global business cycles[R]. NBER Working Paper No. 23222, 2017.

Yi K M. Can vertical specialization explain the growth of world trade[J]. Journal of Political Economy, 2003, 111 (1): 52-102.

图书在版编目（CIP）数据

逆全球化的波及效应研究：基于垂直专业化分工视角/彭冬冬著. -- 北京：社会科学文献出版社，2025.5. --（海西求是文库）. -- ISBN 978-7-5228-5188-4

Ⅰ.F114.41

中国国家版本馆 CIP 数据核字第 2025WC0097 号

· 海西求是文库 ·

逆全球化的波及效应研究
—— 基于垂直专业化分工视角

著　　者／彭冬冬

出　版　人／冀祥德
责任编辑／仇　扬
文稿编辑／徐　磊
责任印制／岳　阳

出　　版／社会科学文献出版社·文化传媒分社（010）59367156
　　　　　地址：北京市北三环中路甲 29 号院华龙大厦　邮编：100029
　　　　　网址：www.ssap.com.cn
发　　行／社会科学文献出版社（010）59367028
印　　装／三河市龙林印务有限公司

规　　格／开　本：787mm×1092mm　1/16
　　　　　印　张：13　字　数：211 千字
版　　次／2025 年 5 月第 1 版　2025 年 5 月第 1 次印刷
书　　号／ISBN 978-7-5228-5188-4
定　　价／88.00 元

读者服务电话：4008918866